Corinna Brünger

Mit meinem Hund auf Reisen

Fotos: Christine Steimer
Zeichnungen: György Jankovics

INHALT

TYPISCH URLAUBSHUND

- **Ist stubenrein.**
- **Gutes Sozialverhalten im Umgang mit Mensch und Tier.**
- **Ist konsequent erzogen.**
- **Mit dem Auto zu fahren ist ihm vertraut.**
- **Verträgt, mit dem Zug zu fahren oder zu fliegen.**
- **Bleibt allein zu Hause.**
- **Ist gewöhnt an Restaurantbesuche.**
- **Kennt fremde Geräusche.**
- **Ist körperlich und seelisch gesund.**
- **Akzeptiert Futter- oder Klimawechsel.**
- **Ist lebensfroh und neugierig.**

Hunde nehmen gerne den Streß einer längeren Anfahrt in Kauf, wenn sie nach den Strapazen der Anreise neue Territorien erkunden und die Freizeit gemeinsam mit Ihnen gestalten können. Im Alltag haben weitaus die meisten Hundehalter nicht die Zeit und Muße, sich stundenlang in ausgeglichener Stimmung mit ihrem Vierbeiner zu beschäftigen. Genau das ist im Urlaub möglich. Wahrscheinlich fühlt sich Ihr Vierbeiner die ersten Tage in einer fremden Umgebung unsicher. Dies verfliegt aber gewöhnlich sehr schnell, und dem Hund tut der Umgebungswechsel ebenso gut wie Ihnen. Allerdings sollte er durch konsequente und liebevolle Erziehung gewöhnt sein, alltägliche Kommandos zu befolgen.

CONVERSE
ALL STAR

VORAUSSETZUNGEN FÜR DEN URLAUB

Schon vor der Anschaffung eines Hundes sollten Sie sich im klaren sein, daß dies eine Entscheidung mit Konsequenzen ist. Als Rudeltier will der Hund alles mit dem Besitzer unternehmen und immer in dessen Nähe sein. Soll der Urlaub mit Hund problemlos verlaufen, müssen Sie sorgfältig planen.

Die richtige Erziehung

Für jede Form des gemeinsamen Urlaubs ist es erforderlich, daß der Hund von Anfang an eine konsequente, aber liebevolle Erziehung erfährt. Ein Urlaub mit einem unerzogenen Hund ist keine Erholung, sondern für den Hundehalter, den Vierbeiner und die anderen Feriengäste nur Streß. Deshalb rate ich Ihnen, Ihren Hund nur dann in den Urlaub mitzunehmen, wenn er mit Mensch und Tier gut sozialisiert ist.

Haben Sie Ihren Hund aus zweiter Hand gekauft, zum Beispiel vom Tierheim, so ist es wesentlich, daß er wieder festen Bezug zu einem Menschen findet. Für einen Hund mit Verlustängsten wäre es ein Alptraum, wenn er während des Urlaubs abgegeben wird, auch nur für einige Wochen. Ist er nur die Haltung im Haus gewöhnt und hat er noch nie einen Zwinger von innen gesehen, so ist es für den Familienhund mit Sicherheit ein negatives Erlebnis, plötzlich in einer Hundepension oder im Tierheim als einer von vielen kläffenden Feriengästen die Urlaubszeit verbringen zu müssen.

rtgerechte Formen der Freizeitgestaltung tragen um Gelingen des Urlaubs mit Hund bei.

Der gesunde Hund

Eine weitere wichtige Voraussetzung für den gemeinsamen Familienurlaub ist die Gesundheit des Tieres. Vor der Urlaubsreise sollte der Hund daraufhin tierärztlich untersucht werden. Hat Ihr Vierbeiner eine chronische Erkrankung und benötigt täglich bestimmte Medikamente, so müssen Sie diese mitnehmen.

Lassen Sie Ihr Tier impfen. Informationen zu den Impf- und Einreisebestimmungen der verschiedenen Länder erhalten Sie beim Tierarzt oder bei der Botschaft des ausgewählten Urlaubslandes. Verlassen Sie sich bei der Planung nicht auf die Bestimmungen des Vorjahres, denn diese ändern sich laufend.

Der verwöhnte Hund

Ist Ihr Hund ein bestimmtes Futter gewöhnt, sollten Sie es mitnehmen, um zusätzlich zum eventuellen Klima- und Umgebungswechsel einen Futterwechsel zu vermeiden. Ein namhaftes Markenfutter ist meist auch im europäischen Ausland erhältlich. Es gibt jedoch viele Futtermarken, die Sie nicht überall kaufen können.

Ich rate Ihnen, das Futter für Ihren Hund alle paar Monate zu wechseln und oft durch Reis, Nudeln oder Gemüse zu ergänzen. Dadurch ist das Tier nicht auf eine Futtermarke fixiert, ein eventueller Futterwechsel ist mit wesentlich weniger Komplikationen verbunden.

Alternativen zum Urlaub mit Hund

Natürlich gibt es auch Situationen, in denen Sie den Hund nicht mitnehmen können.

✔ Ist der Hund sehr alt oder schwer krank, so sollte er nicht aus seiner gewohnten Umgebung herausgerissen und dem Streß einer Reise und des Umgebungswechsels ausgesetzt werden.

✔ Hunde, die ausschließlich Zwingerhaltung gewöhnt sind, können natürlich nur in ein Hotel oder eine Ferienwohnung mitgenommen werden, die darüber verfügen. Ist die Urlaubsunterkunft nicht damit ausgestattet, sollte der Hund besser zu Hause bleiben.

Als Alternative zur Mitnahme in den Urlaub bieten sich verschiedene Möglichkeiten an.

Versorgung durch Freunde

Diese Alternative hat mehrere Vorteile:

✔ Der Hund bleibt in seiner gewohnten Umgebung.

✔ Der Hund kennt in der Regel die Pflegeperson gut.

✔ Die Pflegeperson kennt in der Regel die Stärken und Schwächen des Tieres. Vielleicht kann sie sogar währenddessen in Ihrem Haus wohnen. Damit ist gewährleistet, daß der Vierbeiner nicht die meiste Zeit allein ist.

✔ Der Hund wird in seinem gewohnten Territorium ausgeführt.

✔ Ein Futterwechsel ist nicht nötig.

✔ Für den Hundehalter fallen keine hohen Kosten an.

Versorgung durch einen Haussitter

Seit einiger Zeit gibt es in Deutschland Firmen, die für die Ferienzeit einen Haussittingservice anbieten. Ein Angestellter übernimmt während Ihrer Abwesenheit das Blumengießen, Entleeren des Briefkastens, Öffnen und Schließen der Rollos oder das Einschalten des Lichts zu bestimmten Tageszeiten. Viele dieser Firmen haben ihren Service auf Tiersitting erweitert und versorgen auch Haustiere (→ Seite 62).

Nachteil dieser Variante ist:

✔ Der Haussitter ist ein Fremder, der keinen Bezug zu Ihrem Vierbeiner hat.

✔ Einen Haussittingservice in Anspruch zu nehmen ist relativ teuer.

Unterbringung in der Hundepension oder im Tierheim

Ein Platz in einer Hundepension oder im örtlichen Tierheim sollte rechtzeitig reserviert werden, denn diese Einrichtungen sind zur Ferienzeit ausgelastet. Deshalb ist bei dieser Alternative eine kurzfristige Urlaubsplanung ausgeschlossen. In manchen Hundepensionen können Sie Ihren Hund auch im Haus statt im Zwinger unterbringen lassen. Meistens wird hierfür ein geringer Aufpreis erhoben. Vorab kann man sich telefonisch informieren und einen Besichtigungstermin vereinbaren (→ Seite 9).

Als vollwertiges Familienmitglied hat auch der Hund sein eigenes Reisegepäck.

Bevor der Vierbeiner in Pflege kommt, sollte er auf jeden Fall nachgeimpft werden, denn wo viele Hunde zusammenkommen, besteht immer das Risiko, sich an einer Krankheit anzustecken. Eine Hundepension sollte deshalb grundsätzlich über eine veterinäramtlich vorgeschriebene Quarantänestation verfügen, um die Ansteckungsgefahr für die gesunden Tiere so gering wie möglich zu halten.

Unterbringung in einer Pflegefamilie

Dazu gehören andere Hundehalter, die Sie zum Beispiel beim Ausführen Ihres Hundes oder auf dem Hundesportplatz kennengelernt haben. Im Tausch nimmt man dann deren Hund zu gegebenem Zeitpunkt in Pflege.

Adressen von Pflegefamilien, sogenannte Tierpatenschaften, vermittelt die Urlaubshilfe des Deutschen Tierschutzbundes e.V. über die örtlichen Tierschutzvereine (→ Seite 62).

Auf jeden Fall sollte sich die Person, die Ihren Vierbeiner in Pflege nimmt, schon einige Zeit vorher mit dem Tier vertraut machen. Informieren Sie den Betreuer genau über gute und schlechte Eigenschaften des Tieres, um unnötige Probleme im Umgang mit dem Pflegehund zu vermeiden.

Unterbringung beim Züchter

Viele gute und verantwortungsvolle Züchter bieten dem Hundehalter die Möglichkeit, das Tier während der Urlaubszeit wieder dort abgeben zu können.

Vorteile dieser Variante sind:

✔ Der Hundehalter kann sicher sein, daß sich der Züchter gerade mit den rassespezifischen Eigenschaften des Tieres gut auskennt.

✔ Der Hund ist außerdem innerhalb eines Rudels untergebracht, das er zumindest zum Teil noch kennt. Die Eingewöhnung ist dadurch nicht ganz so schwierig für das Tier.

VERSORGUNG IM URLAUB

Überlegen Sie rechtzeitig, ob Sie den Hund in den Urlaub mitnehmen können. Wenn nicht, gibt es mehrere Möglichkeiten, das Tier zu Hause versorgen zu lassen (→ Seite 8).

Haben Sie sich für eine Hundepension entschlossen, rate ich Ihnen, sich mehrere Einrichtungen anzuschauen und dabei auf folgende Punkte zu achten:

✔ Die Hundepension sollte über eine veterinäramtliche Genehmigung verfügen.

✔ Zwinger müssen generell sauber und gepflegt sein und sollten über einen angegliederten, eingezäunten Auslauf verfügen.

✔ Es muß genügend Pflegepersonal zur Verfügung stehen, das sich um die Hunde kümmert.

✔ Die Hunde sollten zumindest einmal am Tag für längere Zeit Auslauf und Bewegung haben.

✔ Frißt Ihr Hund nicht alles, sollten Sie das gewohnte Futter mitgeben, um ihm einen Futterwechsel zu ersparen.

✔ Geben Sie für Ihren Hund Lieblingsdecke und Lieblingsspielzeug mit. Die gewohnten Gerüche erleichtern ihm den Aufenthalt in der Pension.

Viele Hundepensionen bieten den Hunden genügend Auslauf und körperliche Betätigung.

Umweltgerechte Erziehung des Hundes

Grundvoraussetzung für die Mitnahme des Hundes in den Urlaub ist seine umweltgerechte Erziehung. Das bedeutet, daß Sie den vierbeinigen Weggefährten so erziehen, daß ein Zusammenleben von Mensch und Hund innerhalb der menschlichen Gesellschaft möglichst problemlos gewährleistet ist. Natürlich wäre es wünschenswert, wenn Menschen generell mehr Rücksicht auf die Bedürfnisse der anderen Lebewesen nehmen würden. Leider ist das aber nicht immer der Fall, eher müssen sich die Tiere anpassen. Und da der Vierbeiner gezwungen ist, innerhalb der Städte auf engstem Raum mit dem Menschen zusammenzuleben, ist diese Art der Erziehung und Anpassung des Hundes an den Menschen und dessen Bedürfnisse erforderlich.

Ein Hund muß stubenrein sein, die gängigen Alltagsbefehle (→ Seite 20) befolgen und darf kein Raufbold sein. Bedenken Sie bitte, daß Sie mit einem Hund grundsätzlich Verantwortung haben und daß es in Ihrer Hand liegt, sich durch konsequente, aber liebevolle Erziehung das Leben innerhalb der menschlichen Gesellschaft mit dem Vierbeiner sehr zu vereinfachen. Antiautoritäre Erziehung ist momentan zwar auch unter Hundehaltern »modern«, doch bei der Erziehung eines Hundes ist ein gewisses Maß an Autorität Grundvoraussetzung. Innerhalb eines Hunde- oder Wolfsrudels bekommen die Tiere in der Natur grundsätzlich durch ranghöhere Rudelmitglieder Grenzen gesetzt. Und genau das erwartet der Vierbeiner auch von seinem menschlichen »Rudelführer«.

Erziehung beginnt im Welpenalter

Mit der Erziehung des Vierbeiners sollte in vereinfachter und spielerischer Form schon im Welpenalter begonnen werden. In dieser Zeit sind Hunde neugieriger und lernen schneller. Auf keinen Fall dürfen Sie warten, bis der Hund ein Jahr alt ist. Viele Welpen- und Hundeschulen sowie Hundesportvereine bieten Hilfe an.
Welpen- und Hundeschulen offerieren meistens Kurse, die etwa sechs Monate dauern. Ein Nachteil bei vielen privaten Hundeschulen ist, daß keine Begleithundprüfung durch einen vom VDH anerkannten Leistungsrichter abgenommen werden kann, entsprechend den Richtlinien des VDH (→ Seite 62).
Die Hundesportvereine bieten die Möglichkeit einer anerkannten Begleithundprüfung, die durch einen vom VDH zugelassenen Leistungsrichter abgenommen wird. Vereine sind außerdem meist preisgünstiger. Sie erheben zwar einen Mitgliedsbeitrag, doch darin ist auch die Nutzung des Hundesportplatzes und der Anlage sowie die Anleitung durch ausgebildetes Personal enthalten.

Erziehungsziele

Mit einem unerzogenen Hund in den Urlaub zu fahren bereitet nur Probleme. Deshalb sollten Sie mit Ihrem Hund vom Welpenalter an alle Situationen des Alltags üben, auch wenn der Welpe am Anfang dabei sehr unsicher ist. Der größte Fehler der Hundehalter bei der Erziehung des Vierbeiners besteht in der Regel darin, dem Hund für ihn offensichtlich unangenehme Situationen, wie belebte Fußgängerzonen oder

Checkliste
Was der Hund können muß

1 Der Hund beherrscht alle im Alltag gebräuchlichen Kommandos.

2 Er ist stubenrein und kann sich beim Gassigang benehmen.

3 Das Sozialverhalten im Umgang mit anderen Tieren und Menschen ist frei von Aggressivität.

4 Der Hund reagiert auf fremde Umgebungen oder Geräusche nicht mit Panik oder Aggressivität.

5 Er ist an einen festen Schlafplatz gewöhnt und weiß, daß er auf Sofa oder Bett nichts zu suchen hat.

6 Betteln bei Tisch, etwa im Restaurant, ist dem Hund fremd.

7 Der Hund akzeptiert Futter-, Umgebungs- und Klimawechsel.

8 Er ist gewöhnt, auch in fremder Umgebung einige Zeit allein zu bleiben.

9 Er ist gewöhnt, mit öffentlichen Verkehrsmitteln zu fahren.

TIP

Wichtige Erziehungsregeln

✔ Üben Sie sich bei der Erziehung Ihres Hundes in Geduld. Auch wenn er nach mehreren Übungsansätzen das Kommando noch nicht beherrscht, dürfen Sie nicht aufgeben.
✔ Ein erteiltes Kommando muß grundsätzlich befolgt werden. Für den Hund ist der Mensch der Rudelführer, der sagt, wo's langgeht.
✔ Seien Sie konsequent. Einmal gegebene Kommandos müssen ausgeführt, jeder Erfolg des Tieres gelobt und jedes Fehlverhalten sofort getadelt werden, und das ein Hundeleben lang.
✔ Führen Sie alle Übungen anfangs mit angeleintem Hund durch, bis er sie beherrscht. Ohne Leine haben Sie keine Möglichkeit, korrigierend einzugreifen.

stark frequentierte öffentliche Verkehrsmittel, ersparen zu wollen. Doch ein Hund kann eine Situation nur dann beherrschen, wenn er diese erlebt hat und kennt. Dies ist nicht nur im Zusammenhang mit dem Familienurlaub eine Notwendigkeit, sondern erleichtert generell das Zusammenleben im Alltag.

Führen Sie Ihren Hund öfter in einer fremden Umgebung Gassi. Dort fühlt er sich zwar anfangs unsicher, aber nur so lernt er, sich auch in einer ungewohnten Umgebung selbstsicher zu bewegen.
Für viele Halter von kleinen Hunderassen ist es nicht nachvollziehbar, warum auch ihr Hund erzogen werden sollte. Sie gehen oftmals davon aus, daß kleine Rassen nicht gefährlich sind. Bei der Erziehung des Vierbeiners geht es aber nicht nur um die Gefahr, die vom Hund ausgehen kann, sondern man hält unnötige Gefahren vom Tier fern und gewährleistet ein zufriedenes und unkompliziertes Zusammenleben. Leider sind Erziehungsfehler oft der Grund, warum ein Hund letztendlich lästig und schließlich in andere Hände abgegeben wird.

Richtig erziehen

Zeit, Geduld, Beobachtungsgabe und Konsequenz sollten Ihre wichtigsten Eigenschaften sein, um aus dem jungen Hund einen selbstsicheren und wohlerzogenen Weggefährten zu machen. Geben Sie nicht auf, wenn eine Übung nicht schon beim ersten Mal von Erfolg gekrönt ist. Von einem Kind wird auch nicht erwartet, daß es mit 10 Jahren das Abitur macht.
Ein Hund ist in bezug auf Erziehung durchaus mit einem Kleinkind vergleichbar. Er ist lebenslang von Ihnen abhängig, und im Gegensatz zum Kind wird er niemals in der Lage sein, selbständig zu denken. Die Anschaffung eines Hundes bedeutet deshalb, daß Sie sich für durchschnittlich 10 bis 15 Jahre mit einem Kleinkind auseinandersetzen müssen, das nicht erwachsen wird.

Nach einem Urlaubstag genießt auch der Hund seine Ruhe.

Sicher im Straßenverkehr

Zu einem sicheren Verhalten im Straßenverkehr gehört,

✔ daß der Hunde nicht zusammenzuckt, wenn zum Beispiel Busse oder Autos vorbeifahren;

✔ daß er nicht auf die Seite springt, wenn eine Gruppe Menschen entgegenkommt;

✔ daß er nicht erschrickt vor Gegenständen wie einer Plastiktüte, die vom Wind über den Gehweg geweht wird.

Bestärken Sie Ihren Hund in Situationen, die ihm Angst einflößen, indem Sie ihm vermitteln, daß die Situation von Ihnen nicht als Problem wahrgenommen wird. Gehen Sie zügig und ohne den Hund extrem kurz zu nehmen an Hindernissen vorbei. Hat er den Mut, den Gegenstand zu beschnuppern, so lassen Sie ihn gewähren.

Der Urlaub mit seinem »Rudel« - ein Traum für jeden Hund.

Trösten Sie den ängstlichen Hund nicht, indem Sie zum Beispiel sagen: »Brav, ist doch alles in Ordnung.« Damit erreichen Sie nur, daß sich der Vierbeiner in seiner Angst bestätigt fühlt und auch in Zukunft Probleme mit dieser Situation hat.

Weichen Sie Hindernissen und anderen Hunden möglichst nicht im großen Bogen aus, gehen Sie einfach normal daran vorbei. Den Haltern kleiner Hunderassen rate ich dringend, ihren Hund nicht auf den Arm zu nehmen, sobald ein größerer Artgenosse auf der Bildfläche erscheint. Auf dem Arm entwickelt sich der kleinste Hund zum größten Löwen.

DOLMETSCHER

So kommunizieren Hunde mit ihren Artgenossen, aber auch mit »ihrem« Menschen.

☞ ***Dieses Verhalten zeigt der Hund.***

? ***Was will mir der Vierbeiner damit sagen?***

! ***So reagiere ich richtig auf sein Verhalten.***

☞ Der Hund ruht in seinem Korb.

? Er hat sich zurückgezogen.

! Bitte nicht stören.

☞ Der Hund gräbt.

? Er verfolgt eine aufregende Spur.

! Graben lassen, wenn es nicht in den Blumenbeeten stattfindet.

Zwei Hunde beschnuppern sich. ☞

Ob sie sich riechen können? ?

Abwarten. Bei Aggressivität einschreiten. !

Der Hund dreht sich auf den Rücken. ☞

Er will gekrault werden. ?

Beschäftigen Sie sich ausgiebig mit dem Tier. !

Zwei kleine Hunde bellen den großen an.

? Mit Frauchen im Rücken sind sie stark.

! Lenken Sie die Hunde voneinander ab.

Der Hund verträgt sich mit dem Hahn.

? Er hat von klein auf andere Tiere kennengelernt.

! Zuschauen und daran freuen.

Drei Hunde beim Nasenkontakt.

? Damit beginnt jede Hundebegegnung.

! Gewähren lassen, so lernen sich Hunde kennen.

Im vollen Lauf geht's ins Wasser.

? Viele Hunde lieben Wasser und schwimmen gern.

! Gönnen Sie Ihrem Hund das kühle Bad.

Der Hund entblößt die Zähne und legt die Ohren an.

? Er ist unsicher und aus Angst aggressiv.

! Der Hund ist vielleicht unzureichend sozialisiert.

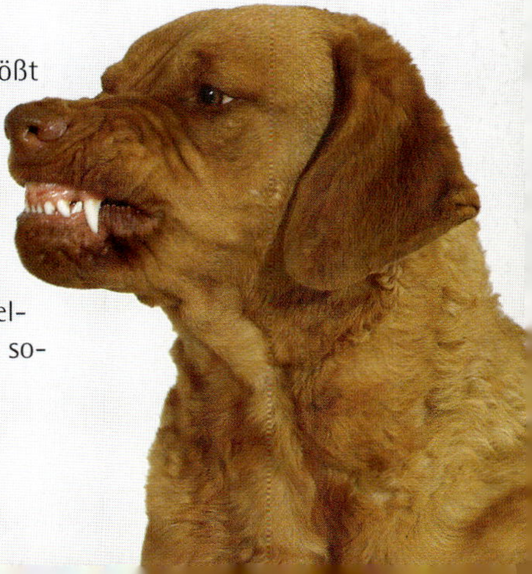

Der stubenreine Hund

Ein Hund, der mit in den Urlaub genommen wird, sollte stubenrein sein. Ein gesunder erwachsener Vierbeiner kann durchaus mehrere Stunden aushalten, ohne daß er ausgeführt werden muß. Hunde entleeren sich am liebsten auf weichem Untergrund, zum Beispiel Grasflächen.

Gewöhnen Sie Ihren Hund von Anfang an daran, nur auf Grünflächen und nicht auf dem Gehsteig sein großes Geschäft zu verrichten. Mit etwas Konsequenz sollte dies beim Welpen innerhalb von 2 bis 3 Wochen möglich sein. Voraussetzung ist aber, daß Sie sich die Zeit dafür nehmen.

✔ Führen Sie den Welpen oder Junghund grundsätzlich nach jeder Mahlzeit und im Tagesverlauf alle 2 Stunden aus, auch wenn Sie das Gefühl haben, daß er momentan gar nicht muß. Es bedarf keiner stundenlangen Ausflüge, der Vierbeiner muß sich nur regelmäßig entleeren können.

✔ Geben Sie dem Welpen oder Junghund auf jeden Fall spätabends und morgens sofort nach dem Aufstehen die Möglichkeit, sich zu entleeren.

✔ Führen Sie Ihren Hund möglichst auf eine Grünfläche, nicht auf den Gehsteig.

Balancieren über einen Baumstamm - ein Geschicklichkeitsspiel.

✔ Setzt sich der Hund im Wohnzimmer auf dem weichen Teppichboden hin, um sein großes oder kleines Geschäft zu verrichten, muß er sofort hochgehoben und aus der Wohnung gebracht werden.

✔ Tragen Sie den Hund auch nach draußen, wenn das Geschäft bereits unbemerkt in der Wohnung verrichtet wurde, denn er muß lernen, daß dies unerwünscht ist.

✔ Entleert sich das Tier versehentlich in der Wohnung, so führen Sie den Vierbeiner zu seiner Hinterlassenschaft, sagen nur einfach »Pfui« und führen den Hund dann sofort ins Freie.

✔ Erhöhen Sie die Zeitabstände zwischen den Gassigängen innerhalb weniger Wochen auf 3, 4 und schließlich 5 Stunden.

Hinweis: Entleert sich der Vierbeiner, wo er will, so ist das in der Regel nicht ein Fehlverhalten des Hundes, sondern ein Zeichen eines verantwortungslosen oder seiner Umwelt gegenüber gleichgültigen Halters.

Gutes Sozialverhalten

Wird ein Hund vom Welpenalter an überall mitgenommen und kommt oft mit anderen Menschen und Hunden zusammen, so entwickelt ein gesunder Hund ein gutes Sozialverhalten. Lassen Sie Ihrem Hund viel Gelegenheit, mit anderen Hunden frei laufend zu spielen und fremde Menschen kennenzulernen. Nur ein Hund, der den regelmäßigen Umgang mit Fremden und anderen Vierbeinern gewöhnt ist, kann sich richtig verhalten.

In der Regel stecken Hunde auf friedliche Art eine Rangordnung untereinander ab. Es gibt aber extrem dominante Tiere, die eine festgelegte Rangordnung immer wieder in Frage stellen. Das passiert zwar auch in einem natürlichen Rudel, aber dort werden durch ranghöhere Tiere sofort deutliche Grenzen gesetzt. Genau diese Aufgabe müssen Sie im Zusam-

Viel Bewegung an der frischen Luft hält Mensch und Tier fit.

menleben mit dem Hund übernehmen. Haben Sie Ihre höhere Position abgegeben oder stellen Sie diese nicht immer wieder klar, übernimmt der Hund in der Familie die Rudelführung. Stellen Sie dagegen fest, daß Ihr Hund jeden anderen Hund ankläfft, dann ist das meist ein Zeichen von Angst. Ein mutiger Hund tut das nicht. In diesem Fall sollten Sie ihn klar zurechtweisen, daß das Ankläffen anderer Artgenossen unerwünscht ist.
Genauso falsch ist es, wenn sich die Besitzer großer Hunde beim Anblick anderer Artgenossen hinter Autos verstecken oder ihren Hunden die Augen zuhalten, aus Angst, ihr großer Hund könnte auf den kleineren Vierbeiner losgehen. Rechtzeitige Erziehung und gute Sozialisierung schon ab dem Welpenalter verhindern solche Situationen.

Hund und Kinder

Oftmals haben Hunde, die in einem kinderlosen Haushalt aufwachsen, Scheu oder sogar Angst vor Kindern. In den meisten Fällen hängt dies mit der lauten Geräuschkulisse zusammen und ist eine Gewöhnungsfrage.
Deshalb sollten Sie, auch wenn Sie keine Kinder haben, Ihren Hund regelmäßig mit Kindern in Kontakt kommen lassen. Nur so lernt der Vierbeiner ohne Schwierigkeiten ein ruhiges und friedfertiges Verhalten Kindern gegenüber. Zudem muß er von Anfang an begreifen, daß Kinder in der Rangordnung grundsätzlich über ihm stehen.

Aber auch Kinder sollten den richtigen Umgang mit dem Vierbeiner erlernen.

✔ Das Tier darf während einer Ruhephase auf seiner Schlafdecke oder in seiner Ruheecke nicht gestört werden.

✔ Der Hund sollte ungestört fressen dürfen.

✔ Die Kinder dürfen dem Hund keine Schmerzen zufügen.

✔ Der Hund ist ein Lebewesen und kein Spielzeug.

So vermeiden Sie Situationen, in denen sich der Hund zur Verteidigung wehrt. Grundsätzlich sollten kleinere Kinder im Umgang mit einem Vierbeiner nicht unbeaufsichtigt sein.

Hund und andere Haustiere

Machen Sie Ihren Vierbeiner schon vom Welpenalter an mit anderen Haustieren vertraut. Denn meist ist es eine Frage der Gewöhnung, ob der Hund andere Tiere, wie Katzen oder Vögel, akzeptiert. Wachsen die verschiedenen Tiere miteinander auf, so ist die Wahrscheinlichkeit sehr groß, daß sie auch Freunde werden und einander nichts tun.

Bleiben Sie bei Spaziergängen an Kuhweiden oder Pferdekoppeln stehen, und lassen Sie den Vierbeiner schnuppern.

Gewöhnung an Verkehrsmittel

Auch die Gewöhnung an das Autofahren und die Benutzung öffentlicher Verkehrsmittel sollte schon sehr früh beginnen. Nehmen Sie Ihren Welpen so oft wie möglich im Auto, Bus und in der Bahn mit - auch wenn Sie im Alltag nicht auf öffentliche Verkehrsmittel angewiesen sind. Diese Situation kann bei einer Urlaubsreise wichtig werden.

Im Auto sollten Sie bedenken, daß der Hund während der Fahrt

✔ nicht auf dem Vordersitz mitgenommen werden darf,

✔ nicht auf dem Schoß des Beifahrers sitzen darf, auch wenn der Welpe noch so jammert,

✔ nicht im vorderen Fußraum sitzen darf.

Auf diese Weise würde sich der Welpe nie an das korrekte Verhalten beim Autofahren gewöhnen. Außerdem bezahlt die Versicherung bei einem Autounfall den Schaden nicht, wenn nachgewiesen werden kann, daß der Hund ungesichert im Auto saß.

Inzwischen ist es in den meisten Ländern Europas Gesetz, daß Hunde im Auto gesichert sein müssen. Das bedeutet, daß sich der Hund in einer Reisebox befindet oder durch einen TÜV-geprüften Hundegurt auf dem Rücksitz befestigt ist.

Um die Autofahrten dem Hund so angenehm wie möglich zu gestalten, sollten Sie einige Punkte bedenken:

✔ Nehmen Sie die Decke und das Spielzeug Ihres Hundes mit auf die Reise.

✔ Machen Sie alle 2 Stunden eine Pause, damit sich der Vierbeiner die Pfoten vertreten, frische Luft schnappen und einem normalen Bedürfnis in Ruhe nachgehen kann.

Die Begegnung mit fremden Tierarten ist für einen gut sozialisierten Hund ein Erlebnis.

✔ Die meisten Hunde vertragen die Autofahrt wesentlich besser, wenn sie vor Antritt der Reise nicht gefüttert werden. Hat der Vierbeiner beim Autofahren generell Probleme mit dem Magen und muß häufiger erbrechen, so sollten Sie sich hierfür vorbeugende Medikamente vom Tierarzt geben lassen.
✔ Nehmen Sie auf eine längere Autofahrt auf jeden Fall eine Flasche mit Wasser und einen Napf mit.
✔ Rauchen Sie nicht während der Fahrt.
✔ Achten Sie auf ausreichende Belüftung des Wagens bei längeren Fahrten. Klimaanlage oder Schiebedach sind für den Vierbeiner weniger ein Problem als Zugwind durch geöffnete Seitenfenster.
✔ Bei Fahrten während der Sommermonate sollte der Hund auf keinen Fall allein im Auto zurückgelassen werden, auch nicht für eine kurze Zeitspanne. Selbst wenn die Fenster einen Spaltbreit geöffnet sind, kann sich das Wageninnere innerhalb kurzer Zeit auf 50° C aufheizen.

Leinenführigkeit

Das bedeutet, daß der Mensch dem Vierbeiner den Weg weist - und nicht umgekehrt. In Großstädten sieht man immer mehr Hunde, die auch an stark befahrenen Straßen ohne Leine laufen. In einer fremden Umgebung oder im Straßenverkehr liegen aber so viele Risiken, daß für verantwortungsvolle Hundehalter immer die Regel gelten sollte: Auch ein sehr gut erzogener oder ausgebildeter Vierbeiner hat im Straßenverkehr grundsätzlich angeleint zu sein. Leider gibt es sehr viele Hundehalter, die sich ihrer Verantwortung nicht bewußt sind. Es kommt mir manchmal so vor, als wollten sie sich selber etwas beweisen und sind dafür bereit, Gesundheit und Leben anderer sowie das des eigenen Hundes zu riskieren.

TIP

Erziehung mit Leine

Für alle Übungen des Gehorsams sollte der Hund bis zu deren Beherrschung angeleint sein.
✔ Der Vierbeiner fühlt sich angeleint - mit Herrchen oder Frauchen als Rückhalt - wesentlich sicherer, und der Umgang mit neuen Situationen fällt ihm leichter.
✔ Befolgt der Hund einen Befehl nicht, so hat der Hundehalter bei einem frei laufenden Vierbeiner keine Chance, Fehlverhalten sofort zu korrigieren.
Um dem jungen Hund die Leinenführigkeit beizubringen, bedarf es:
✔ einer vernünftigen Lederführleine. Synthetik- und Ausziehleinen sind zu leicht, sie sind ideal für erzogene Hunde.
✔ eines sogenannten Erziehungshalsbandes. Dies ist ein doppelreihiges Kettenhalsband mit Zugbegrenzung. Das Halsband würgt den Hund nicht, wenn er an der Leine zieht, vermittelt ihm aber zusammen mit dem Kommando »Nein« oder »Hier« einen Ruck. Dadurch lernt er, daß er zu weit vorgeprescht ist. Strebt der Hund nach vorn, so bleiben Sie plötzlich stehen. Durch den Ruck vermitteln Sie ihm, daß er näher bei Ihnen gehen soll.
Wichtig ist immer, daß Kommando und Handlung synchron laufen. Den ausgebildeten oder erzogenen Hund erkennt man daran, daß die Leine beim Laufen nie gestrafft ist, sondern leicht durchhängt.
Hinweis: Der Hund darf niemals mit der Leine spielen, er muß sie als Erziehungsmittel begreifen.

PRAXIS ERZIEHUNG

Richtig erziehen

✔ Kommandos sollten immer gleich bleiben.

✔ Kommandos mit ausgeglichener, ruhiger Stimme geben, nicht brüllen. Die richtige Stimmlage kann für einen Hund schon Belohnung oder Strafe sein. Hunde reagieren dabei oftmals auf tiefe Stimmlagen wesentlich schneller als auf Stimmen, die hoch und fast hysterisch klingen.

✔ Kommandos sollten knapp und energisch erfolgen, keine langen Sätze oder Erklärungen.

✔ Beherrscht der Hund eine Übung, wird er überschwenglich gelobt oder belohnt mit einem Spielzeug, Leckerchen oder besonders ausgiebigem Streicheln.

✔ Lob für befolgte Kommandos oder Tadel für Ungehorsam muß sofort erfolgen, damit der Hund dies mit der Tat verknüpfen kann.

✔ Um den Vierbeiner in seinem Handeln nicht unnötig zu verunsichern, sollten einmal erteilte Verbote grundsätzlich bestehen bleiben. Für den Hund ist nicht nachvollziehbar, warum er zum Beispiel einmal auf die Couch darf und beim nächsten Mal nicht.

✔ Alle Befehle heben Sie auf, nicht der Hund, indem Sie zum Beispiel sagen »Lauf«.

Gewöhnung an seinen Platz

Im Haus oder der Wohnung sollte der Hund seinen festen Platz haben, auf den er sich zurückziehen kann, wenn er ruhen oder schlafen will. Dort sollten sich Spielzeug und Kauknochen befinden, um zu verhindern, daß der Hund aus Frust oder Langeweile Gegenstände oder Möbel zerbeißt.

Kommando »Sitz«

Der Hund steht angeleint links neben Ihnen. Die Leine halten Sie mit der rechten Hand. Rucken Sie an der Leine, sagen Sie gleichzeitig das Kommando »Sitz«, und drücken Sie mit der linken Hand das Hinterteil des Hundes nach unten. Dadurch weiß der Hund, was von ihm verlangt wird. Als Belohnung bekommt er aus der rechten Jackentasche ein Leckerchen, damit er lernt, erwartungsvoll aufzuschauen.

Ein Vierbeiner sollte gewöhnt sein, beispielsweise vor Überqueren der Straße am Bordstein »Sitz« zu machen.

Das richtige Verhalten im Restaurant muß rechtzeitig geübt werden.

Kommando »Platz«

Beherrscht der Hund das Kommando »Sitz«, lernt er den Befehl »Platz«. Dabei legen Sie ein Leckerchen so vor dem sitzenden Hund auf den Boden, daß er sich hinlegen muß, um es zu erreichen. Drücken Sie gleichzeitig mit dem Kommando »Platz« den Widerrist des Hundes mit der linken Hand nach unten. Bei Erfolg loben oder belohnen Sie den Hund sofort. Das Wort »Platz« sollte etwas langgezogener ausgesprochen werden als »Sitz«, um dem Hund die Unterscheidung zu erleichtern.
Das Kommando »Platz« ist in allen Situationen wichtig, in denen der Hund in Ruhestellung gehen soll, zum Beispiel beim Restaurantbesuch.

Kommando »Bleib«

Dieses Kommando wird erteilt, wenn sich der Hund in der Position »Sitz« beziehungsweise »Platz« befindet. Der Hund muß lernen, auf das Kommando »Bleib« hin auf seinem Platz zu bleiben, auch wenn Sie sich entfernen. Solange der Vierbeiner die Übung noch nicht beherrscht, sollten Sie sich nach dem Kommando rückwärts laufend mit Blick zum Tier entfernen. So können Sie beobachten, ob sich der Hund erhebt, und können diesem Fehlverhalten sofort entgegenwirken. Entfernen Sie sich anfangs dabei nur wenige Zentimeter vom angeleinten Hund.
Treten Sie auch nur 20 cm zurück und der Hund bleibt einige Sekunden liegen, so muß der Vierbeiner sofort überschwenglich gelobt oder belohnt werden.

Bei Fuß gehen

Stecken Sie vor Beginn der Übung Leckereien so in die rechte Jackentasche, daß der Hund es sieht. Der Hund läuft auf Ihrer linken Seite. Prescht er vor Ihre Beine, rucken Sie mit dem Kommando »Fuß« einmal kurz an der Leine. Wenn er folgt, bekommt er die Belohnung aus der Tasche. Sie werden feststellen, daß der Hund schnell begreift, was erwartet wird, und er gewöhnt sich an, aufmerksam bei dem Kommando »Fuß« zu Ihnen aufzuschauen.
Das Kommando »Fuß« ist zum Beispiel wichtig, wenn Ihnen andere Hunde entgegenkommen.

Sichtkommandos

Sie können alle Tonkommandos auch durch Sichtkommandos verstärken. Der erhobene Zeigefinger kann zum Beispiel »Sitz« bedeuten, der nach unten geführte ausgestreckte Zeigefinger »Platz« und das Entgegenhalten der Handfläche »Bleib«. Ist der Hund gewöhnt, die Tonkommandos zusammen mit Sichtkommandos entgegenzunehmen, so können Sie ihm später sehr leicht beibringen, Befehle auf reine Sichtkommandos hin auszuführen.

DIE RICHTIGE PLANUNG DES URLAUBS

Haben Sie sich entschlossen, den Hund mit in den Urlaub zu nehmen, müssen Sie rechtzeitig planen. Es gilt nicht nur das richtige Gebiet zu finden, wo sich alle Familienmitglieder wohl fühlen, auch die Wahl der Anreiseform muß gut durchdacht und vorbereitet werden.

Den Urlaub planen

Die Planung für den Familienurlaub mit dem Vierbeiner sollte rechtzeitig beginnen, einige Monate Vorlauf sind unbedingt erforderlich. Die ersten Gedanken sollten der Auswahl des Urlaubsgebietes, der Urlaubsunterkunft und der Wahl des geeigneten Transportmittels gelten. Für den Hundehalter stellt dies normalerweise kein Problem dar. Beim Urlaub mit dem Vierbeiner kann es allerdings schwierig werden.

Die rassebedingten Eigenschaften

Bedenken Sie bei der Wahl des Urlaubsgebietes, welche Veranlagungen Ihr Hund hat und ob Ihre Hobbys und Ansprüche damit zusammenpassen. Am besten ist es natürlich, wenn Sie sich um diesen Punkt schon bei der Anschaffung des Vierbeiners Gedanken gemacht haben. Nicht jede Hunderasse ist für alpine Bergwanderungen oder stundenlange Strandaufenthalte in südlichen Gefilden geeignet.

Bei Mischlingen lassen sich bestimmte Eigenschaften nicht immer klar erkennen, da oftmals die in ihnen enthaltenen Rassen nur noch zu erahnen sind. Bei Rassehunden sind Charakterzüge und rassespezifische Anlagen leichter definierbar. So wissen Sie bereits beim Kauf, ob Ihr Hund sehr lauffreudig ist, über einen ausgeprägten Jagdtrieb verfügt oder eine Vorliebe für das nasse Element hat.

Das Klima am Urlaubsort sollte ebenfalls in die Überlegungen einbezogen werden. Die weitaus meisten Hunderassen vertragen extreme Hitze nicht besonders gut und würden sich in einem Urlaubsgebiet mit gemäßigten Temperaturen bis 25° C auf jeden Fall wohler fühlen als bei 40° C im Schatten.

Das hundefreundliche Urlaubsgebiet

Urlaub mit dem Vierbeiner macht keinen Spaß und hat wenig Erholungswert, wenn Sie ohne eigenes Verschulden mit dem Tier überall nur auf Widerstand stoßen. Schon die Einreisebestimmungen (→ Seite 38) eines Landes lassen oftmals erkennen, wie hundefreundlich das gewählte Urlaubsland ist. Grundsätzlich kann man davon ausgehen, je schwieriger die Einreise mit Hund, desto größer ist die Wahrscheinlichkeit, daß der Feriengast nur ohne Hund wirklich willkommen ist.

[E]ine Transportbox ist die beste Sicherung für [H]unde im Fahrzeug.

Ein Sonnenbad nach einer kühlen Dusche ist für den Vierbeiner eine wahre Wonne.

Generell hängt die Hundefreundlichkeit davon ab, welches Verhältnis die Menschen im Urlaubsland zum Heimtier Hund haben. So fristen in vielen Ländern Hunde ein armseliges Dasein ohne Bezug zu einem Menschen, von Seuchen geplagt und halb verhungert. Am Ende der Touristensaison kann man miterleben, wie diese Tiere »entsorgt« werden, da man dort weder gewillt noch in der Lage ist, die Tiere durch den Winter zu füttern.

Ein Land, in dem die Bevölkerung mit den Tieren auf diese Art und Weise verfährt, kann ich persönlich nicht als hundefreundlich betrachten. Es ist für mich unvorstellbar, mit meinen eigenen wohlgenährten und natürlich verwöhnten Hunden Urlaub zu machen und in der Nachbarschaft eine Meute halb verhungerter Streuner leiden zu sehen.

Ansteckungsgefahr am Urlaubsort

Ein weiterer wichtiger Punkt bei der Auswahl des Urlaubsgebietes sind Krankheiten oder Seuchen, die auf den Hund übertragen werden können. In einigen südeuropäischen Ländern besteht zum Beispiel die Gefahr, daß sich der Hund durch Streuner mit dem Herzwurm infiziert. Ist der Hund erst einmal erkrankt, verläuft die Krankheit normalerweise tödlich. Es gibt jedoch die Möglichkeit, eine Ansteckung zu verhindern. Dafür müssen Sie aber bereits zu Hause Wochen vor der Abreise dem Hund vorbeugend ein Präparat verabreichen. Es ist also wichtig, sich schon geraume Zeit vor Antritt des Urlaubs über diesbezügliche Risiken beim Tierarzt zu informieren und gegebenenfalls im voraus vorbeugende Maßnahmen zu treffen.

Die richtige Unterkunft

Bei der Suche nach einer passenden Ferienunterkunft helfen verschiedene Hundefachzeitschriften, in denen hundefreundliche Hotels, Gasthöfe und Ferienwohnungen regelmäßig annonciert werden (→ Seite 62). Auch die Reisebüros daheim oder die Fremdenverkehrsämter in den Urlaubsgebieten geben hierzu auf gezielte Anfrage Hilfestellung.
Bei der Auswahl der Ferienunterkunft spielen mehrere Faktoren eine Rolle (→ Tabelle »Urlaubsunterkünfte«, Seite 33). Gerade mit einem Vierbeiner ist es angenehm, wenn man verhältnismäßig ungebunden ist und genügend Platz zur Verfügung steht. Wichtig sind aber auch seine Eigenschaften und Angewohnheiten.

Kriterium »Hundefreundlichkeit«

Bei der Auswahl der Unterkunft sollte die Hundefreundlichkeit berücksichtigt werden. Dies ist ein sehr dehnbarer Begriff und seine Definition reine Auslegungssache. Für mich bedeutet er, daß ich als Gast mit Hund in keiner Weise anders oder schlechter behandelt werde als ein Gast, der ohne Haustier anreist. Meine Hunde sind so erzogen, daß ich sie problemlos in jedes Restaurant mitnehmen kann. Ich habe aber Verständnis dafür, wenn in einem Hotel oder in einer Pension im Speisesaal Hunde nicht erlaubt sind.
Als verantwortungsbewußter Hundehalter habe ich jedoch kein Verständnis dafür, daß viele Ferienunterkünfte ohne irgendeine Gegenleistung Hunde mit einem bestimmten Betrag pro Tag berechnen. Die Begründung, der Vierbeiner brächte mehr Schmutz ins Haus als Menschen und aufwendigere Reinigungsarbeiten wären nötig, kann ich nicht akzeptieren. Schließlich bittet auch kein Hotelbesitzer seine zweibeinigen Gäste, an der Rezeption die Schuhe auszuziehen. Meine Erfahrung bezüglich der zusätzlichen Reinigung des Zimmers ist sogar gegenteilig: Reist man mit Hund an, so wird das Zimmer oft weniger gründlich gereinigt.
Dagegen bin ich gerne bereit, für meinen Hund zu bezahlen, wenn irgendeine Gegenleistung erbracht wird, zum Beispiel ein Platzset mit zwei Näpfen oder ein Leckerchen.
Immer mehr Vermieter haben erkannt, daß Hunde oft unkompliziertere Gäste sind als so mancher Zweibeiner. Sie berechnen Hunde gar nicht und erbringen trotzdem eine Leistung für den Vierbeiner. Dies sind die Unterkünfte, die ich wirklich als hundefreundlich ansehe. Gerade in Deutschland, Österreich und der Schweiz gibt es inzwischen viele Hotels, die sich regel-

Denken Sie daran, beim Strandurlaub kann auch der Hund einen Hitzschlag bekommen.

recht auf den vierbeinigen Gast einstellen. Sie haben dort die Möglichkeit, einen Hundeplatz und Anleitung zur Ausbildung des Tieres oder einen Agility-Parcours in Anspruch zu nehmen.
Weitere Angebote sind:

- ✔ Möglichkeit der Unterbringung auch für Hunde, die Zwingerhaltung gewöhnt sind,
- ✔ Urlaub verbunden mit einem Seminar,
- ✔ geführte Wanderungen für Gruppen von Hundehaltern,
- ✔ Hundesitting,
- ✔ Begrüßungsschmankerl für den Hund,
- ✔ kostenlose Bereitstellung von Näpfen, Schlafdecken oder Körben,
- ✔ die Möglichkeit, den Hund gegen einen geringen Aufpreis zu verköstigen.

Generell habe ich die Erfahrung gemacht, daß gerade die größeren und besseren Hotels den Hund selten als Problemfaktor betrachten. In Deutschland bieten inzwischen Reiseveranstalter Gruppenreisen für Hundehalter an, die auch eine Reiserücktrittversicherung für den Hund enthalten.

Urlaub in Hotels, Gasthöfen oder Pensionen

Dies empfiehlt sich nur mit Vierbeinern, die den Umgang mit vielen fremden Menschen und den verschiedensten Geräuschen gewöhnt sind.

Nennt der Hundehalter ein Eigenheim sein Zuhause, dann ist der Hund oftmals nicht gewöhnt, daß er in der Etage über sich oder im Nebenzimmer Schritte hört oder daß auf dem Flur auch mal eine Türe zugeschlagen wird. In solchen Fällen kann es passieren, daß der Vierbeiner im Hotel jedesmal anschlägt, wenn er auf dem Gang Geräusche hört. Zu Recht wird das von anderen Gästen als Belästigung empfunden. Dagegen stellt für Hunde, die weder extrem wachsam sind noch Probleme im Umgang mit vielen Fremden oder anderen Hunden haben, der Urlaub in Hotel, Gasthof oder Pension kein Problem dar.

In den meisten Hotels ist die Mitnahme des Hundes zum Frühstück nicht gestattet, vor allem wenn es sich um ein Frühstücksbüffet handelt. In solchen Fällen muß der Hund also gewöhnt sein, auch einmal kurze Zeit allein im Hotelzimmer zu bleiben. Dagegen ist es in vielen Häusern durchaus gestattet, den Vierbeiner beim Mittag- oder Abendessen in das hauseigene Restaurant oder die Gaststube mitzunehmen.

Für diejenigen, die in einem Apartment mit Halbpension versorgt sein wollen, würde sich ein Apartmenthotel anbieten.

Urlaub im Ferienhaus

Wird der Hund zu Hause nur im Zwinger gehalten, so kann er im Urlaub nicht im Hotelzimmer untergebracht werden. Das gleiche gilt für Hunde, die ein ausgeprägtes Territorialverhalten haben, extrem wachsam sind und nicht an den Umgang mit vielen fremden Menschen und fremden Geräuschen gewöhnt

Spielzeug für den treuen Freund hilft, daß - allein gelassen - keine Langeweile aufkommt.

sind. Solche Vierbeiner würden sich in einem freistehenden Ferienhaus, eventuell mit Zwinger auf dem Grundstück, am wohlsten fühlen. In Ferienwohnung und Ferienhaus ist der Gast selbstverständlich wesentlich unabhängiger, aber bezüglich der Mahlzeiten dann meist auch Selbstversorger. Dies hat aber den Vorteil, daß er mit Hund nicht erst lange nach einem Restaurant suchen muß, wo er mit dem Tier willkommen ist.

Campingurlaub

Viele Hundehalter entschließen sich jedes Jahr zum Campingurlaub. Allerdings ist es nicht immer einfach, einen Campingplatz zu finden, wo

Während Frauchen die Sonne genießt, beobachtet der Hund gespannt die Umgebung.

Sie Hunde mitbringen dürfen; das gilt vor allem für die Hauptsaison. Das wilde Campen ist offiziell nur in wenigen Ländern erlaubt, auch wenn von dieser Möglichkeit oft Gebrauch gemacht wird.
Ich rate Ihnen, sicherheitshalber schon bei der Buchung des Platzes klarzustellen, daß Sie Ihren Hund auf den Campingplatz mitnehmen können. Dadurch vermeiden Sie, daß Sie spät abends nach stundenlanger Anreise einen neuen Stellplatz suchen müssen.

TIP

Hilfe bei der Planung

Ein Urlaub mit Hund muß geplant sein, will man keine unliebsamen Überraschungen erleben.

✔ Informationen zu hundefreundlichen Unterkünften und Reiseformen können beim ADAC, bei Reisebüros und Fremdenverkehrsvereinen oder aus verschiedenen Hundefachzeitschriften (→ Seite 62) eingeholt werden.

✔ Die aktuellen Tarife für die Anreise mit Bahn oder Flugzeug sollten Sie direkt bei der Deutschen Bundesbahn, bei der Fluggesellschaft oder im Reisebüro erfragen.

Mit dem Hund in die Berge

Urlaub mit Hund in den Bergen bedarf einer besonders sorgfältigen Planung. Generell kann man davon ausgehen, daß ein Hund trittsicherer ist als der Mensch und daß selbst viele hochalpine Routen durchaus mit Hund machbar sind.

✔ Besorgen Sie sich rechtzeitig Kartenmaterial und Wanderführer. Arbeiten Sie die Wanderrouten bei richtigen Hochgebirgstouren bereits zu Hause aus.

✔ Übernachtung auf Berghütten im hochalpinen Bereich ist mit Hund meist nicht möglich, da die Hütten in der Regel nicht über Einzelzimmer, sondern nur über Schlafsäle verfügen. Deshalb Höhentouren mit Vierbeiner am besten nur als Tagestour planen.

✔ Die Telefonnummern der Hütten kann man beim Fremdenverkehrsbüro des Urlaubsortes oder bei der Bergrettung erfragen, um sich beim Hüttenwirt vorab bezüglich einer Übernachtungsmöglichkeit mit Hund zu erkundigen.

✔ Beim Wanderurlaub im Gebirge kann man noch verhältnismäßig viel Wild antreffen. Deshalb muß der Hund zum Schutz des Wildes angeleint sein, wenn er einen starken Jagdtrieb hat oder Kommandos nicht befolgt.

✔ Da im Hochgebirge die Bergpfade teilweise extrem steil, schmal oder streckenweise sogar ausgesetzt sind, sollten Touren im Gebirge generell nur mit einem gut sozialisierten Hund gemacht werden. Aggressive, unfolgsame Hunde sollten grundsätzlich nicht auf Hochgebirgstouren mitgenommen werden.

✔ Springt Ihr Hund gerne entgegenkommende Wanderer an, sollten Sie das von vornherein unterbinden.

✔ Bei Höhentouren sollte der Vierbeiner sich ohne Leine niemals mehr als ein paar Meter von Ihnen entfernen. Vor jeder Wegbiegung muß er auf Sie warten, an für Sie nicht einsehbaren Stellen darf er nicht verschwinden. Es besteht immer die Gefahr, daß ein entgegenkommender Wanderer beim Anblick des munter und freundlich auf ihn zuspringenden Hundes erschrickt und durch eine falsche Bewegung auf einem schmalen Wanderpfad stürzt.

✔ Bei Gebirgstouren sollten Sie grundsätzlich auch für Ihren Hund ein kleines Erste-Hilfe-Set und Proviant mitführen. Können Sie aus der Wanderkarte ersehen, daß der Weg weder an Bächen noch an einem See vorbeiführt, sollte auf jeden Fall für den Vierbeiner Wasser mitgenommen werden.

✔ Informationen darüber, welche Routen für Hunde geeignet sind und wie die Wege beschaffen sind (zum Beispiel Überquerung eines Grates, ausgesetzte Wegstellen oder Gletscherquerung), können bei der örtlichen Bergrettung oder dem Fremdenverkehrsverein erfragt werden.

10 Goldene Regeln
der Urlaubsplanung

1 Planen Sie den Urlaub am besten schon einige Monate vor dem Abreisetermin.

2 Erkundigen Sie sich möglichst schon einige Monate vor der geplanten Reise nach den Einreise- und Impfbestimmungen des Ziellandes.

3 Beziehen Sie in Ihre Planung Ihre Interessen und die rassespezifischen Bedürfnisse des Hundes mit ein.

4 Wählen Sie als Urlaubszeit mit Hund am besten die Vor-, Nach- oder Nebensaison. Dann sind die Urlaubsgebiete nicht mehr so überlaufen, und Hoteliers und Feriengäste zeigen sich wesentlich aufgeschlossener gegenüber dem Gast mit Vierbeiner.

5 Wählen Sie für die Fahrt Zeiten, wo es kein stundenlanges Warten in langen Autoschlangen auf der Autobahn und an den Grenzen bei extrem warmen Temperaturen gibt.

6 Erkundigen Sie sich vorab über das Urlaubsgebiet und die Unterkunft. Klären Sie, ob am Urlaubsort für Notfälle ein Tierarzt ist oder wo sich der nächste Tierarzt befindet.

7 Planen Sie rechtzeitig die Art der Anreise, damit alle hierfür notwendigen Vorbereitungen getroffen werden können.

8 Erstellen Sie eine Liste aller Dinge, die Sie für den Vierbeiner mitnehmen müssen.

9 Lassen Sie sich vom Tierarzt eine Reiseapotheke (→ Seite 38)für den Hund zusammenstellen.

10 Lassen Sie den Vierbeiner rechtzeitig vor der Abreise gründlich untersuchen und komplett impfen (→ Seite 45).

Der Campingurlaub ist für Zweibeiner und Vierbeiner gleichermaßen ein Abenteuer.

Bei der Buchung zu beachten

✔ Verheimlichen Sie bei der Buchung auf keinen Fall, daß Sie mit Hund anreisen. Es kann sonst passieren, daß man Sie trotz fester Buchung nicht im Haus oder auf dem Platz aufnimmt. Eine Suche vor Ort kann dann problematisch werden.

✔ Geben Sie bei der Buchung die genaue Größe Ihres Hundes an.

✔ Lassen Sie sich die Buchung des Zimmers, der Ferienwohnung oder des Stellplatzes unter Angabe des Hundes vom Vermieter auf jeden Fall schriftlich bestätigen.

Auf meinen häufigen Reisen mit meinen beiden Hunden habe ich viele Vermieter kennengelernt, die selbst Hundebesitzer sind und deshalb dem Gast die gewünschten Informationen gerne geben.

Wichtige Fragen an den Vermieter:

✔ Ist der Vierbeiner willkommen, und darf er mit aufs Zimmer? Es gibt Hotels und Ferienwohnungen, die über Zwingeranlagen verfügen und die Unterbringung großer Hunde im Zimmer nicht dulden.

✔ Gehört Ihr Hund einer großen Rasse an, so klären Sie auf jeden Fall ab, ob er mit auf das Zimmer genommen werden darf. Es gibt leider viele Hotels, die aus Unwissenheit davon ausgehen, daß kleine Hunde generell problemloser sind.

✔ Darf der Hund zum Frühstück mit in den Speisesaal oder zumindest zu den anderen

Für Ruhepausen in warmen Regionen empfiehlt sich ein schattiges Plätzchen.

Mahlzeiten in das Hotelrestaurant? Oder muß er allein im Zimmer bleiben?

✔ Wird der Hund berechnet, wieviel kostet die Unterbringung des Hundes, und wird eine Gegenleistung für den geforderten Preis erbracht?

✔ Befindet sich am Urlaubsort oder in der Nähe ein Tierarzt oder eine Tierklinik?

✔ Befindet sich in der Nähe der Ferienunterkunft eine Fläche, wo der Hund sein Geschäft verrichten darf?

✔ Befinden sich Wanderwege oder Strände zwecks gemeinsamer Freizeitgestaltung mit dem Vierbeiner in der Nähe der Unterkunft?

✔ Herrscht am Urlaubsort Leinenzwang, oder gibt es zum Beispiel ein offizielles Freilaufgebiet für Hunde?

✔ Gibt es am Urlaubsort ein Tierfachgeschäft, wo gegebenenfalls Futter nachgekauft oder eine verlorengegangene Leine neu beschafft werden kann?

Die Anreise

Ebenso wichtig wie die Wahl des Feriengebietes und der Ferienunterkunft ist die richtige Wahl des Verkehrsmittels. Es gibt verschiedene Möglichkeiten, mit dem Vierbeiner in den Urlaub zu fahren (→ Tabelle »Reiseformen«, Seite 37).

Mit dem Wagen

Die wohl bequemste und gleichzeitig die den meisten Hunden vertrauteste Möglichkeit ist die Anreise im Auto. Für Urlaubsreisen mit Hund in alle direkt an Deutschland angrenzende Länder empfiehlt sich auf jeden Fall der eigene Wagen.

Dies hat die Vorteile:

✔ Sie erreichen jeden gewünschten Urlaubsort.

✔ Das Auto ermöglicht Ihnen große Flexibilität und Beweglichkeit am Urlaubsziel.

✔ Für den Hund entstehen keine zusätzlichen Kosten.

Bei der Anreise im Auto sind jedoch verschiedene Dinge zu bedenken:

✔ Machen Sie genügend Pausen während der Fahrt, dann ist auch eine lange Autofahrt für die meisten Hunde kein Problem.

✔ Je nach Anzahl der Mitreisenden und Menge des Gepäcks könnte unter Umständen der Platz im Inneren des Fahrzeuges knapp werden. Ist dies voraussehbar, sollten Sie rechtzeitig einen Dachgepäckträger und das entsprechende Behältnis für das Gepäck organisieren und montieren. Für den Vierbeiner ist es wichtig, daß er zumindest soviel Platz hat, daß er sich während einer längeren Autofahrt aufrichten, hinsetzen oder umdrehen kann.

✔ Der Vierbeiner sollte sich während der Fahrt auf dem Rücksitz in einer Kunststoffbox oder klappbaren Metallreisebox befinden. Statt dessen kann er auch durch einen TÜV-geprüften Hundegurt gesichert werden.

✔ Um zu verhindern, daß der Hund nach einem Auffahrunfall durch das Auto geschleudert wird und sich und die Passagiere verletzt, sollte ein Gitter zwischen Vorder- und Rücksitze oder als Abtrennung zum Laderaum im Kombi fest eingebaut werden. Die handelsüblichen Netze und Klemmgitter als Abtrennung zwischen Vorder- und Rücksitzen bieten bei einem Aufprall mit etwa 50 km/h keine Sicherheit für Mensch und Tier. Der Hund wird entweder mit Wucht in das Netz und damit auch gegen die Vordersitze geschleudert, oder das Gitter fliegt durch den Aufprall mitsamt Hund nach vorne.

✔ Wenn der Hund einmal im Auto eingesperrt bleiben muß, sollte ein Fenster so weit heruntergedreht sein, daß die Schnauze, aber nicht der Kopf durchpaßt; bei sommerlichen Temperaturen sollte der Hund nicht im Auto zurückgelassen werden, auch nicht bei geöffneten Fenstern.

Haben Sie keine Box für den Hund, sollten Sie ihn auf alle Fälle anleinen, denn

✔ ein ungesicherter Hund kann im Falle eines Unfalles in seiner Panik Rettungsaktionen behindern, wenn der Fahrer zum Beispiel bewußtlos oder eingeklemmt ist;

✔ der Hund kann nicht einfach durch »Randalieren« im Auto eine Tür öffnen und auf die Straße rennen;

✔ der Hund kann bei einer Rast nicht spontan aus dem Auto springen und sich oder andere gefährden.

Sind Sie Besitzer eines Kombis, bietet sich eine für den Hund sehr angenehme Transportmöglichkeit an. Es gibt isolierte Holzboxen oder fest verschweißte Metallgitterboxen,

Nach einem aufregenden Urlaubstag mit neuen Eindrücken träumt es sich besonders gut.

Urlaubsunterkünfte im Vergleich

Unterkunftsart	Vorteile	Nachteile
Hotel, Pension	✔ Restaurantsuche bleibt dem Gast mit Hund erspart, wenn der Hund mit in das hoteleigene Restaurant darf. ✔ Gut geeignet, wenn der Hund umweltgerecht erzogen ist.	✔ Für den Hund von der Geräuschkulisse her gewöhnungsbedürftig. ✔ Keine Selbstversorgung möglich. ✔ Begrenzte Räumlichkeiten, gerade an Regentagen. ✔ Hunde haben aus Rücksicht auf die anderen Gäste wenig Freiheiten. Deshalb wird auch auf gutes Benehmen des Hundes geachtet.
Apartmenthotel oder Ferienwohnung	✔ Sie können alle Mahlzeiten ohne lästige Suche nach einem hundefreundlichen Restaurant mit dem Hund einnehmen. ✔ Kein Platzproblem. ✔ Meist wesentlich preisgünstiger als Hotel.	✔ In der Regel Selbstversorgung, deshalb kein Verwöhnurlaub.
Ferienhaus	✔ Hier sind Sie mit Hund wirklich unabhängig. Meist steht auch ein Garten oder Grundstück zur Verfügung. ✔ Alle Mahlzeiten können unabhängig von hundefreundlichen Restaurants gemeinsam mit Hund eingenommen werden. ✔ Sehr preisgünstige Variante, wenn man ein Ferienhaus zum Beispiel mit Freunden mietet.	✔ In der Regel Selbstversorgung, deshalb kein Verwöhnurlaub.
Wohnwagen/ Wohnmobil	✔ Unabhängig von hundefreundlichen Unterkünften und Restaurants. ✔ Bei Anreise mit Wohnwagen kann der Wohnwagen auf dem Platz abgestellt werden und das Auto am Urlaubsort weiterhin genutzt werden.	✔ Auf einen hundefreundlichen Stellplatz/Campingplatz angewiesen. ✔ Selbstversorgung, deshalb kein Verwöhnurlaub. ✔ Bei Anreise mit dem Wohnmobil auf öffentliche Verkehrsmittel angewiesen.

passend für jeden Kombityp. Diese Boxen haben den Vorteil, daß der Vierbeiner den gesamten Raum der Ladefläche für sich hat. Bei den Holzboxen kann der Hund nur in Richtung Heck schauen, die Gitterboxen aus Metall bieten dagegen dem Vierbeiner während der Autofahrt eine Rundumsicht.
Aus meiner bisherigen Erfahrung ist dies die sicherste Möglichkeit, das Tier zu transportieren. Benutzt werden diese Hundeboxen in der Regel nur von Hundesportlern, denn leider empfinden viele Hundehalter, die keinen Hundesport betreiben, diese Boxen als grausam. Das kann nur daran liegen, daß sich viele Hundehalter ernsthafte Gefahrensituationen im Straßenverkehr nicht vorstellen können.
Der Bericht über einen Unfall veranlaßte mich, mir eine solche Metallbox anzuschaffen. Die

Der typische Urlaubshund ist das Mitfahren in Bus und Bahn von klein auf gewöhnt.

Fahrerin eines verunglückten Wagens war verblutet, weil sich ihr normalerweise sehr gutmütiger Rottweiler ungesichert im Innenraum des Wagens aufhielt. Durch den Auffahrunfall war das Tier in Panik geraten, die zu Hilfe geeilten Passanten trauten sich deshalb nicht, das Auto zu öffnen, um der schwerverletzten Frau zu helfen.

Mit Wohnwagen oder Wohnmobil

Neben dem Auto gibt es auch die von vielen Hundehaltern genutzte Möglichkeit des Campingurlaubes mit Anreise im Wohnwagen oder Wohnmobil. Diese Variante beschert ebenfalls größtmögliche Flexibilität auch am Urlaubsort, hat aber zusätzlich den Vorteil, daß einem am Ziel die Suche nach einer hundefreundlichen Unterkunft oder Restaurant erspart bleibt. Auch entstehen keine zusätzlichen Kosten für den Hund.

Mit der Bahn

Dies ist für mich - nach Auto oder Wohnwagen - die zweitbeste Reiseform. Es gibt keine Staus. Sie können lesen oder die Landschaft betrachten und kommen ausgeruht an. Haben Sie einen Schlafwagen gebucht, darf der Hund in das Abteil, wenn nur Familienmitglieder dort untergebracht sind.

Leider sind viele Urlaubsorte nicht direkt, sondern nur nach mehrmaligem Umsteigen erreichbar. Und das kann mit Hund und Gepäck lästig werden.

Außerdem stellt eine Bahnreise mit Hund einen nicht unerheblichen Kostenfaktor dar.

✔ Bei kleinen Hunden, die in einem geeigneten Behältnis oder ohne Behältnis auf dem Schoß transportiert werden, erhebt die Deutsche Bundesbahn keine Gebühr. Leider ist hier die Bezeichnung »kleiner Hund« und »geeignetes Behältnis« nicht wie bei den Fluggesellschaften genau definiert. Für den Hund, der in einer Tasche oder kleinen Reisebox transportiert werden kann, wird kein Fahrpreis berechnet.

✔ Für alle Hunde, die sich nicht in einem Behältnis befinden, auch für die kleineren Rassen, berechnet die Bahn den Kinderfahrpreis. Dieser beträgt grundsätzlich die Hälfte des Fahrpreises für einen Erwachsenen. Man kann jedoch bei Hin- und Rückreise mit Hund den noch günstigeren Mitfahrertarif in Anspruch nehmen.

Wie bei vielen Vorschriften gilt auch hier, daß Ausnahmen gemacht werden können. Und diese liegen oftmals im Ermessen des Bahnangestellten am Fahrkartenschalter oder des Zugschaffners.

Ich rate Ihnen, mit Ihrem Hund schon vor der Urlaubsreise öfter mit dem Zug zu fahren, damit er sich an die Geräusche, die Enge, die ungewohnten Bewegungen und die vielen Menschen gewöhnt. Auch sollte er das Ein- und Aussteigen beherrschen und gut erzogen sein.

Mit dem Flugzeug

Die meisten hundefreundlichen Urlaubsorte sind nicht direkt per Flugzeug erreichbar.

✔ Reist der Gast per Flugzeug an, so ist er an den Urlaubsort gebunden oder am Urlaubsziel

TIP

Was der Hund unterwegs braucht

Bestimmte Gegenstände sollten für den Vierbeiner grundsätzlich mit auf die Reise gehen.

✔ Halten Sie für Grenzübertritte, wo dies noch erforderlich ist, die nötigen Papiere für den Hund, wie Impfpaß oder Gesundheitszeugnis, stets griffbereit.

✔ Nehmen Sie stets auch für den Hund eine Wasserflasche mit.

✔ Gegen Langeweile auf einer längeren Fahrt empfiehlt sich die Mitnahme von Spielzeug oder Kauknochen.

✔ Unerläßlich ist die Reiseapotheke (→ Seite 38). Da auch Hunden die Hektik der Reisevorbereitungen und die Anreise regelrecht auf den Magen schlagen kann, sollte die Hundereiseapotheke grundsätzlich ein vom Tierarzt empfohlenes Präparat gegen Durchfall und Erbrechen enthalten.

Während der Fahrt auf dem Rücksitz ist der Hund durch einen Gurt gut gesichert.

auf Mietwagen oder öffentliche Verkehrsmittel angewiesen.

✔ Per Flugzeug sind in der Regel nur die touristisch gut erschlossenen Urlaubsgebiete erreichbar.

✔ Das Flugzeug nimmt man in der Regel, um weiter entfernte Urlaubsgebiete zu erreichen. Dafür ist das Flugzeug eine zeitsparende Variante, für Reisen nach Übersee eine unabdingbare Notwendigkeit.

Die Bestimmungen zur Mitnahme von Hunden und die Kosten dafür sind bei den einzelnen Luftfahrtgesellschaften unterschiedlich und sollten vorher erfragt werden. Ein Preisvergleich lohnt sich auf jeden Fall. Wichtig ist die rechtzeitige Buchung, denn bei allen Fluglinien darf im Passagierraum nur ein Hund mitgenommen werden.

✔ Generell gilt, daß nur kleine Haustiere (Begrenzung bei einigen Linien bis 5 kg inklusive Transportkiste) in der Passagierkabine mitfliegen dürfen. Manche Fluggesellschaften erlauben es sogar, daß der kleine Hund – außer bei Start und Landung – angeleint bei Ihnen auf dem Schoß sitzen darf. Während des gesamten Fluges muß auch der kleine Hund im Passagierraum in einer Tasche oder Reisebox sein.

✔ Hunde, die schwerer als 5 kg sind, dürfen nur in einer Box im Frachtraum mitfliegen. Der Hund muß schon zu Hause langsam an die Reisebox gewöhnt werden. Außerdem empfiehlt es sich, für die Reise im Frachtraum dem Tier ein Beruhigungsmittel zu verabreichen. Bei Zwischenlandungen darf man sich meist nicht um sein Tier kümmern.

Es bleibt jedem Hundehalter selbst überlassen, ob er seinem Hund diese Strapazen zumuten will. Aus der Sicht der Vierbeiner ist das Flugzeug mit großer Wahrscheinlichkeit nicht das beste Verkehrsmittel, besonders wenn Umsteigeverbindungen und Flugverspätungen dazukommen.

Eine Bestätigung für meine negative Einstellung diesem Verkehrsmittel gegenüber erhielt ich vor einigen Jahren auf dem Flughafen von Philadelphia, wo ich Zeuge der Ankunft eines Mittelschnauzers wurde. Zwei Angestellte der Fluggesellschaft holten die Box aus dem Frachtraum und trugen sie auf den Gehweg vor dem Flughafengebäude. Der Besitzer des Vierbeiners befand sich vermutlich noch im Zollbereich. Unsicher wankte der Hund bei seinen rsten Versuchen, sich zu erheben, in seiner engen Box hin und her. Weit und breit war kein Mensch, der ihn in seiner Unsicherheit und Angst tröstete.

Reiseformen im Vergleich

Reiseform	Vorteil	Nachteil	Kostenfaktor
Bahn	✔ Bequeme Anreise ohne Streß durch Stau. ✔ Gepäck kann vorausgeschickt werden.	✔ Viele Urlaubsorte sind ohne Umsteigen nicht erreichbar. ✔ Am Urlaubsort auf öffentliche Verkehrsmittel angewiesen. ✔ Kein Sitzplatzanspruch: Kleine Hunde reisen in einem Behältnis oder auf dem Schoß; große Hunde liegen auf dem Fußboden. ✔ Gassigänge während der kurzen Aufenthalte nicht möglich.	Kindertarif/Mitfahrertarif
Auto	✔ Fast alle Urlaubsziele direkt erreichbar. ✔ Genügend Bewegungsspielraum für den Hund. ✔ Pausen nach Belieben. ✔ Unabhängigkeit am Urlaubsziel.	✔ Staus während der Hauptreisezeiten. ✔ Während der Hauptreisezeiten lange Wartezeiten an den Grenzen.	Keine zusätzlichen Kosten.
Flugzeug	✔ Das Urlaubsziel ist sehr schnell erreicht.	✔ Nur wenige hundefreundliche Urlaubsziele sind so erreichbar. ✔ Am Ort abhängig von öffentlichen Verkehrsmitteln. ✔ Nur Hunde bis 5 kg dürfen in die Passagierkabine, schwerere Hunde müssen im Frachtraum reisen. ✔ Für den Hund sehr stressig.	Von Fluglinie zu Fluglinie unterschiedlich.

Mit der Fähre

Auf vielen Fähren können Hunde mitgenommen werden, etwa nach Korsika. Jedoch genehmigt nicht jede Fährgesellschaft den Transport von Hunden. Deshalb hierzu im Reisebüro Informationen einholen.

✔ An Bord von Fährschiffen müssen Vierbeiner in der Regel im Auto bleiben oder in einer Box untergebracht werden.

✔ Für den Gassigang gibt es auf manchen Fährlinien extra zugeteilte Bereiche.

✔ Auch auf Fährlinien werden Hunde berechnet, wobei die Preise unterschiedlich sind.

✔ Auf Kreuzfahrtschiffen können in der Regel keine Hunde mitgenommen werden.

Einreisebestimmungen

In der Regel benötigt der Hund einen Impfpaß, ein Gesundheitszeugnis und eine gültige Tollwutschutzimpfung. Allerdings sind die Einreisebestimmungen der verschiedenen Urlaubsländer unterschiedlich und ändern sich häufig. Erkundigen Sie sich deshalb rechtzeitig bei der Botschaft des ausgewählten Urlaubslandes, der Fremdenverkehrszentrale oder beim ADAC danach. Die Informationen können Sie sich auch faxen lassen. Die Adressen der jeweiligen Fremdenverkehrszentralen erfahren Sie am besten im Reisebüro. Die meisten Botschaften haben ihren Sitz in Bonn.

✔ Für die meisten Reiseländer in Europa gilt: Die Tollwutschutzimpfung sollte spätestens 30 Tage vor Reiseantritt vorgenommen werden, beziehungsweise die letzte Impfung darf nicht älter als 12 Monate sein. Sie muß vom Tierarzt bestätigt beziehungsweise in manchen Ländern vom Amtstierarzt beglaubigt werden.

✔ Ein tierärztliches Gesundheitszeugnis stellt der Tierarzt sofort nach Untersuchung des Tieres aus. Je nach Urlaubsland darf es nicht älter als 10 bis 14 Tage sein. Benötigen Sie für die Einreise in das Urlaubsland ein amtstierärztliches Gesundheitszeugnis, so erkundigen Sie sich hierzu zeitig beim zuständigen Veterinäramt.

✔ In einigen europäischen Reiseländern ist die Mitnahme von Maulkorb und Leine Pflicht. Hierzu genügt oft ein Reisemaulkorb aus Synthetik.

✔ In mehreren Ländern ist inzwischen gesetzlich vorgeschrieben, daß der Vierbeiner im Auto gesichert werden muß.

✔ In den skandinavischen Ländern sind teilweise schon Wochen vor der Einreise wiederholte Blutuntersuchungen des Hundes notwendig.

✔ Für Schweden oder Norwegen benötigen Sie für den Vierbeiner eine Einfuhrgenehmigung. Auf manchen Fähren nach Schweden gibt es Beschränkungen.

✔ In manchen Ländern, wie Großbritannien und Irland, gelten sehr strenge Quarantänevorschriften.

Die Reiseapotheke

Die Reiseapotheke soll dem Hundehalter die Möglichkeit geben, simple Kleinigkeiten selbst zu behandeln oder in ernsten Notfällen eine erste Notversorgung vornehmen zu können, bis der Tierarzt erreicht ist. Sie sollte aber niemand dazu verleiten, im Notfall nicht den Tierarzt aufzusuchen.

In freudiger Erregung, der Hund darf dabeisein.

Urlaub mit gleichgesinnten Hundehaltern ist auch für die Hunde eine Bereicherung.

Die Reiseapotheke sollte enthalten:

✔ Jodersatz und eine entzündungshemmende Salbe für kleinere Wunden. Alkohol oder Jod sollten bei Hunden nicht verwendet werden.
✔ Augentropfen gegen Bindehautentzündung.
✔ Präparat gegen Durchfall und Erbrechen.
✔ Verbandszeug.
✔ Bewegliches Fieberthermometer, um es leicht und risikolos einführen zu können. Es sollte über eine Digitalanzeige verfügen, auf der nach wenigen Sekunden die gemessene Temperatur mit einem Signalton angezeigt wird.
✔ Vaseline oder Hirschhorntalg gegen rauhe oder leicht rissige Pfoten.
✔ Antibiotika.
✔ Zeckenzange.

Zur Dosierung der Medikamente sollten Sie Ihren Tierarzt befragen. Bei Arzneien aus dem Bereich der Humanmedizin sind die Angaben zur Dosierung auf Kinder und Erwachsene bezogen. Liegt kein Beipackzettel in der Packung, so lassen Sie sich vom Tierarzt die Dosierung auf die Schachtel schreiben.

Läßt sich der Vierbeiner Medikamente nicht verabreichen, versuchen Sie, Saft oder Tropfen zum Beispiel unter das Futter zu mischen. Bei Tabletten funktioniert meist der altbewährte Trick mit der Leberwurst.

KONKRETE URLAUBS-VORBEREITUNG

Der Vierbeiner als Familienmitglied soll natürlich auch mit in den Urlaub genommen werden. Nachdem Sie sich unter Berücksichtigung der Eigenschaften Ihres Hundes über die Wahl des Urlaubsgebietes geeinigt haben, geht es nun an die konkreten Vorbereitungen für den gemeinsamen Urlaub.

Auswahl des Urlaubsgebietes

Alle Familienmitglieder sind sich über die Form des Quartiers, die Art der Unternehmungen im Urlaub und die Jahreszeit, wann gefahren wird, einig. Nachdem auch noch Literatur zur speziellen Rasse Ihres Hundes und zum Thema »Urlaub mit Hund« studiert wurde, hat sich die ganze Familie auf ein hundefreundliches und von den klimatischen Bedingungen her hundegerechtes Gebiet geeinigt. Meist werden Sie Urlaub in Ländern wie Dänemark, Belgien, Frankreich, Holland, Österreich, Schweiz, Norditalien oder Deutschland machen.

Der nächste Schritt ist die Suche nach dem passenden Quartier. Dazu sollten Sie sich rechtzeitig mit Fremdenverkehrsämtern im Urlaubsland und mit Reisebüros in Verbindung setzen und Informationsmaterial über das Gebiet sowie Zimmernachweise anfordern.

Anmieten des Quartiers

Nach dem Studium der Prospekte und Literatur und Sortieren der Informationen kristallisieren sich nach und nach einige Unterkünfte heraus, die allen Familienmitgliedern zusagen. Leider geht aus den Prospekten und Zimmernachweisen der Fremdenverkehrsbüros nicht immer hervor, ob ein Haus Hunde aufnimmt. Und selbst wenn diese Information vorliegt, sollten Sie die ausgewählten Unterkünfte anrufen oder anfaxen, um nähere Erkundigungen einzuholen. Nach mehreren Anläufen haben Sie endlich einen Hotelier oder Vermieter am Telefon, der auf die Frage nach der Unterbringung des Vierbeiners positiv reagiert. Mit ihm klären Sie alle notwendigen Fragen bezüglich Anreise und Aufenthalt am Urlaubsort mit Hund.

Das sollten Sie abklären (→ auch Seite 30):

✔ Darf der Hund mit aufs Zimmer?
✔ Wenn Sie mit zwei Hunden reisen, dürfen beide mit aufs Zimmer?
✔ Wenn Ihr Hund Zwingerhaltung gewöhnt ist, gibt es einen Zwinger im Hotel?
✔ Darf der Hund zu den Mahlzeiten im Restaurant des Hotels mitgenommen werden?
✔ Befindet sich am Ort eine Tierarztpraxis?
✔ Gibt es in der näheren Umgebung des Hotels oder der Ferienwohnung Flächen, wo man den Hund Gassi führen kann?
✔ Gibt es Wanderwege in der Umgebung?

ie meisten Hunde fahren sehr gern Auto, wenn e rechtzeitig daran gewöhnt wurden.

TIP

Vorbereitung Schritt für Schritt

Je genauer Sie die Reise vorbereiten, desto erfolgreicher wird der Familienurlaub mit dem Vierbeiner werden.

✔ Beginnen Sie rechtzeitig mit den Vorbereitungen, und besorgen Sie sich alle nur erdenklichen Informationen zum Thema. Dies ist vor allem dann wichtig, wenn es der erste Urlaub mit Hund ist oder der Hund noch sehr jung und unerfahren ist.

✔ Fertigen Sie eine Liste an, die Sie dann Punkt für Punkt abarbeiten.

✔ Besorgen Sie sich für die Suche einer hundefreundlichen Unterkunft verschiedene Hundefachzeitschriften, in denen hundefreundliche Vermieter von Ferienunterkünften regelmäßig zur Urlaubszeit inserieren (→ Seite 62).

✔ Sprechen Sie beim Einholen der Informationen von Vermietern und bei der Buchung alle Punkte, die den Aufenthalt mit dem Vierbeiner betreffen, offen an.

✔ Kann man nur am Wochenende an- und abreisen?

Die letzte Frage ist vor allem dann wichtig, wenn Sie planen, mit dem Auto zu fahren. Bei Anreise an einem Wochentag könnten Sie die für die Hauptreisesaison typischen endlosen Staus auf der Autobahn vermeiden.

Kann der Vermieter die Frage nach einer Tierarztpraxis am Urlaubsort nicht beantworten, so kann hierzu auf jeden Fall das Fremdenverkehrsamt Auskunft geben.

Bei der Buchung sollten auch im Hinblick auf Gesundheitszustand und Alter des Hundes verschiedene Dinge bedacht werden. Sie sollten entweder eine ebenerdige Ferienwohnung oder ein Hotelzimmer im Parterre oder ersten Stock buchen, wenn

✔ Ihr Vierbeiner das Treppensteigen nicht gewöhnt ist,

✔ das Treppensteigen für das Tier aus gesundheitlichen oder Altersgründen problematisch ist,

✔ der Hund eine Blasen- oder Darmschwäche hat, die häufigere Gassigänge - eventuell auch nachts - nötig macht,

✔ der Hund unter leichter Hüftgelenksdysplasie leidet.

Nachdem anhand dieses Fragenkatalogs mehrere Quartiere in die engere Wahl kommen, sollten Sie sich vom Haus oder der Wohnung Prospekte und Preislisten zuschicken lassen.

Wichtig: Wenn Sie ein Feriendomizil gebucht haben, egal ob telefonisch oder schriftlich, sollten Sie grundsätzlich um eine schriftliche Buchungsbestätigung bitten, aus der hervorgeht, daß auch der Vierbeiner aufgenommen wird und zu welchen Konditionen.

Wahl des Verkehrsmittels

Der nächste Schritt ist, sich Gedanken über das Verkehrsmittel zu machen, mit dem Sie anreisen. Denn meist müssen auch diesbezüglich Vorbereitungen getroffen werden. Siehe dazu

Hund mit Reisefieber, von den anstrengenden Vorbereitungen niedergestreckt...

auch die Tabelle »Reiseformen«, Seite 37.

Vorbereitung für die Anreise mit Auto:

✔ Wenn der Hund das Autofahren noch nicht gewöhnt ist, müssen Sie ihm rechtzeitig dieses Fortbewegungsmittel vertraut machen.

✔ Reisen mehr als zwei Personen, ist das Auto meist zu klein. Für die Unterbringung des Gepäcks muß eventuell ein Gepäckträger oder ein Anhänger besorgt werden.

✔ In den meisten Ländern ist inzwischen Pflicht, daß der Hund während der Fahrt gesichert wird. Dafür muß eventuell noch ein Sicherheitsgurt, eine Transportbox oder ein spezielles Abtrenngitter angeschafft und im Wagen angebracht werden.

Vorbereitung für den Flug:

✔ Buchen Sie den Flug rechtzeitig. Geben Sie dabei unbedingt den Hund mit an. Im Passagierraum darf bei allen Fluglinien nur ein Hund mitfliegen.

Regelmäßige Pausen mit Trinken und Auslauf erleichtern die lange Anfahrt.

✔ Gehört Ihr Hund einer größeren Rasse an, die im Frachtraum fliegt, sollten Sie den Hund rechtzeitig an die Reisebox gewöhnen.

✔ Für die Reise im Frachtraum ist es besser, dem Hund vor dem Abflug ein Beruhigungsmittel zu verabreichen. Erfragen Sie beim Tierarzt die richtige Dosierung, die vom Gewicht des Tieres abhängt.

✔ Wählen Sie den Flug so, daß Sie nicht mitten in der Nacht am Urlaubsort ankommen. Es könnte sonst Schwierigkeiten mit der oft improvisierten Zollabfertigung geben.

Rast im Schatten während einer Wanderung, auch für Vierbeiner eine Erholung.

Vorbereitung für die Bahnfahrt:

✔ Gewöhnen Sie Ihren Hund schon einige Wochen vor der Reise an sein Reisebehältnis.

✔ Fahren Sie einige Male zur Probe mit dem Hund im Zug, damit er sich an die ungewöhnlichen Geräusche und Bewegungen im Waggon und an die Enge gewöhnt.

✔ Machen Sie Ihren Hund mit dem Ein- und Aussteigen vertraut.

Planung der Freizeitgestaltung

Natürlich haben Sie sich zu diesem Zeitpunkt schon gedanklich damit auseinandergesetzt, wie Sie Ihre Freizeit mit dem Vierbeiner im Urlaub gestalten. Vielleicht planen Sie ausgiebige Fahrradtouren, alpine Gebirgstouren oder einen Badeurlaub. Zumindest bei Fahrradtouren oder Bergwanderungen (→ Seite 28) sollten Sie sich rechtzeitig detailliert informieren und - sobald das Urlaubsgebiet feststeht - im Buchhandel das notwendige Kartenmaterial und Literatur besorgen. Gute Vorbereitung vermindert Gefahren und Risiken jeder Art.

Der Besuch beim Tierarzt

Aus den Unterlagen, die Sie von der Botschaft, vom Fremdenverkehrsbüro oder Vermieter erhalten haben, wissen Sie, welche Impfungen und Zeugnisse für den Hund notwendig sind und welche Fristen bis zum Reisetermin eingehalten werden müssen. Danach richtet sich der Besuch beim Tierarzt.

Ich rate Ihnen, Ihren Hund zum Urlaub, auch wenn zur Einreise nur die Tollwutimpfung Voraussetzung ist, gegen die folgenden Krankheiten impfen zu lassen: Tollwut, Staupe, infektiöse Leberentzündung, Parvovirose (Katzeneuche) und Leptospirose.

✔ Viele Tierärzte gehen heute davon ab, eine sogenannte Komplettimpfung an einem einzigen Tag zu verabreichen. Sie wird meist auf zwei Termine aufgeteilt, da manche Hunde darauf empfindlich reagieren. Beim ersten Termin wird meist gegen Tollwut, Staupe, infektiöse Leberentzündung und Leptospirose geimpft, zwei Wochen später abschließend gegen Parvovirose (Katzenseuche). Die Kosten für die Impfung können unterschiedlich hoch sein.

✔ Beim Impftermin können Sie den Hund gleichzeitig untersuchen lassen. Auf Wunsch stellt der Tierarzt gern das nötige Gesundheitszeugnis aus.

Um den Organismus gerade bei sehr jungen Hunden nicht zu sehr zu strapazieren, sollte auf keinen Fall gleichzeitig mit der Komplettimpfung eine Entwurmungskur durchgeführt werden. Ideal ist, wenn die Entwurmung ungefähr 14 Tage vor der Impfung stattfindet. Wenn Ihr Hund viel in der freien Natur ohne Leine unter-

Die Reiseapotheke für den Hund ist für Notfälle unerläßlich und sollte vom Tierarzt zusammengestellt werden.

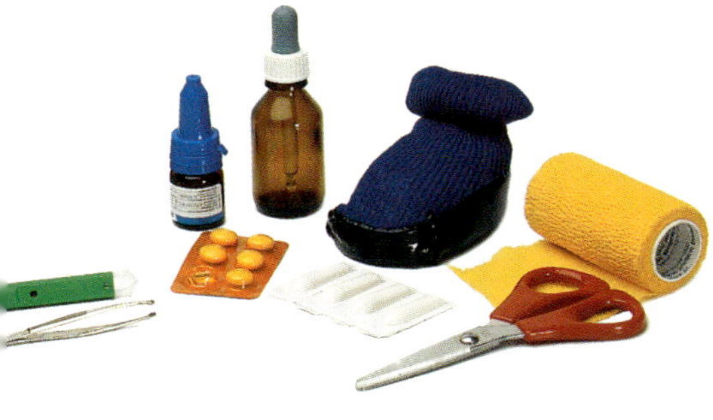

Checkliste
Der Tierarztbesuch

1 Vereinbaren Sie den Termin für die Impfung und Untersuchung Ihres Vierbeiners rechtzeitig vor Urlaubsbeginn. Findet die Komplettimpfung an zwei Terminen statt, sollten 14 Tage dazwischen liegen.

2 Achten Sie auf die Fristen für Impfung (spätestens 30 Tage vor Reiseantritt) beziehungsweise amtstierärztliches Gesundheitszeugnis (etwa 14 Tage vor Reiseantritt).

3 Die Entwurmung sollte etwa 14 Tage vor der Impfung stattfinden, der Hund kann aber durchaus auch im Anschluß an den Urlaub entwurmt werden.

4 Lassen Sie sich vom Tierarzt die Reiseapotheke für den Hund zusammenstellen.

5 Erkundigen Sie sich bei Ihrem Tierarzt nach speziellen Gesundheitsrisiken im Urlaubsland. Treffen Sie, wenn möglich, vorbeugende Maßnahmen.

wegs ist und auch mit anderen Tieren zusammenkommt, sollten Sie den Hund erst im Anschluß an den Urlaub entwurmen lassen.
Sprechen Sie den Tierarzt bezüglich einer Reiseapotheke (→ Seite 38) für den Vierbeiner an. Er wird Ihnen Präparate empfehlen, die unbedingt mit auf die Reise gehen sollten, und Ihnen diese meist direkt mitgeben.
Wichtig: Hat Ihr Hund chronische Erkrankungen, sollten Sie auf jeden Fall bereits erprobte und verträgliche Präparate mitnehmen. Es könnte durchaus sein, daß dieses Präparat im Urlaubsort nicht erhältlich ist.

Bevor das Gepäck verstaut wird, muß der Hund seinen Platz haben.

Das Reisegepäck für den Hund

Wundern Sie sich nicht, was die Globetrotter unter den Vierbeinern so alles für einen gelungenen Urlaub brauchen. Genau wie die mitreisenden Erwachsenen und Kinder benötigt auch der Vierbeiner einige Gegenstände dringend, wenn er auf Reisen geht. Neben Körbchen oder Schlafdecke, Spielzeug und Pflegeutensilien (→ Seite 48) ist vor allem das Futter wichtig.

Das Lieblingsfutter

Wir lassen uns im Urlaub normalerweise verwöhnen, und nichts liegt uns ferner als eine Diät. Das trifft auf den Hund natürlich auch zu. Deshalb bitte nicht das Hundefutter vergessen. Ist der Vierbeiner an ein spezielles Futter gewöhnt, so sollte dieses auf jeden Fall mitgenommen werden. Das gilt ebenso für spezielle Leckereien, wie Trockenkauartikel. Nicht jedes in Deutschland erhältliche Futter kann man auch im europäischen Ausland kaufen. Setzen Sie dem Hund am Urlaubsort fremdes Futter vor, kann es durchaus passieren, daß er eine Magenverstimmung bekommt oder vielleicht aus Trotz einige Tage Zwangsdiät einlegt und die Futteraufnahme verweigert.
Trockenfutter als Hauptnahrung ist grundsätzlich für den Transport in den Urlaub aus Gewichtsgründen bequemer als Dosenfutter, und

pro Tag werden nur geringe Mengen verfüttert. Im Hinblick auf einen gemeinsamen Urlaub mit Hund rate ich Ihnen, das Tier rechtzeitig an Trockenfutter als Hauptnahrung ohne Zufütterung von gekochter Nahrung oder Dosenfutter zu gewöhnen.
Sie machen sich das Leben unnötig schwer, wenn Sie am Urlaubsort versuchen, für den Hund zu kochen. Und die Mitnahme von Paletten schwerer Dosen in den Urlaub würde für noch mehr Platzmangel im Auto sorgen. Bei zwei Hunden wäre der Transport der Futtermenge kaum noch zu bewältigen.
Planen Sie, mit dem Hund tagsüber viel unterwegs zu sein, sollten Sie immer eine gefüllte Wasserflasche für den Vierbeiner mitnehmen.
Hinweis: Um völlig unabhängig von der Mitnahme des Futters zu sein, sollten Sie Ihrem Hund von Anfang an wechselnde Futtersorten vorsetzen.

Der Abreisetag

Es ist endlich soweit, das Reisegepäck steht bereit, und der Zeitpunkt der Abreise ist gekommen. Aber auch bei der Anreise selbst muß der Hundehalter einige Dinge berücksichtigen.

Bei Flugreisen beachten

✔ Erscheinen Sie rechtzeitig am Flughafen.
✔ Packen Sie den Hund vor Abgabe im Frachtraum in sein Reisebehältnis.
✔ Geben Sie dem Hund für die Flugreise im Frachtraum das Beruhigungsmittel.
Erkundigen Sie sich, ob man gestattet, daß Sie das Verladen der Box beobachten dürfen. Diese Möglichkeit besteht, und ich weiß von Hundehaltern, die grundsätzlich nicht eher an Bord des Flugzeuges gehen, bis sie wissen, daß auch ihr Vierbeiner wohlbehalten im Frachtraum des Flugzeuges untergebracht ist.

Bei Bahnreisen beachten

Es ist sehr hilfreich, den Haus-zu-Haus-Gepäck-Kurierdienst der Bundesbahn in Anspruch zu nehmen. Dieser Service wird zwar extra berechnet und ist somit ein zusätzlicher Kostenfaktor. Dafür erleichtert er aber die Fahrt, denn bei kurzen Gassigängen an Bahnhöfen mit längerem Aufenthalt und bei Umsteigeverbindungen müssen Sie nicht zusätzlich zum Vierbeiner noch Ihr Gepäck beaufsichtigen oder dauernd mit sich herumschleppen.
Wenn Sie diesen Service in Anspruch nehmen, sollten Sie einige Tage vor der Abreise Urlaubsadresse und Heimatadresse bei der Bahn schriftlich abgeben. Der Kurierdienst holt das Gepäck dann kurz vor der eigentlichen Abreise zu Hause ab und liefert es am Urlaubsdomizil an, ebenso bei der Rückreise.

Bei Anreise mit dem Auto beachten

✔ Arbeiten Sie die beste Route für die Hin- und Rückreise aus.
✔ Sind Sie auf die Hauptsaison als Reisezeit angewiesen, sollten Sie auch Nebenstrecken auswählen, auf denen Sie das Urlaubsziel erreichen könnten.
✔ Fahren Sie - vor allem in den Sommermonaten - möglichst schon nachts los, dann sind die Autobahnen meist noch leer, und Sie ersparen sich und dem Tier Dauerstreß im Stau, eventuell bei hohen Temperaturen.
✔ Nehmen Sie auf jeden Fall eine Wasserflasche für den Vierbeiner mit.
✔ Legen Sie in regelmäßigen Abständen von 2 bis 3 Stunden Pausen ein. Die meisten Hunde vertragen dann auch lange Autofahrten sehr gut. Bei diesen kurzen Pausen bewegen Sie den Hund, auch wenn er gar nicht Gassi geführt werden muß.
✔ Füttern Sie den Vierbeiner vor Antritt der Reise nicht.

Inzwischen gibt es Hotels, die für ihre vierbeinigen Gäste Schlafkörbe, Decken, Freß- und Wassernäpfe zur Verfügung stellen. Generell ist es aber doch so, daß der Hundehalter alles mitbringen muß. Hierüber sollten Sie sich rechtzeitig Gedanken machen, denn letztendlich ist das Reisegepäck für den Hund auch eine Platzfrage.

Die Schlafstelle

Die meisten Vierbeiner haben daheim einen festen Schlafplatz. Dabei handelt es sich meist um einen Korb mit Einlage, eine Liegematte, ein Kissen oder eine Decke.

Ideal ist es natürlich, wenn die gewohnte Schlafstelle mitgenommen werden kann. Ist der Korb zu sperrig, so sollten Sie auf jeden Fall die darin befindliche Einlage (Kissen oder Decke) mitnehmen. Der Hund wird sich am Urlaubsort schneller heimisch fühlen, wenn er seinen eigenen, fest zugewiesenen Schlafplatz hat, der zudem noch nach seinem Zuhause riecht.

Für eine Decke ist immer genug Platz, sie bietet auch eine bequeme, weiche und warme Unterlage für die lange Autofahrt.

Spielzeug

Wahrscheinlich wird der Vierbeiner im Urlaub soviel Bewegung haben, daß nicht das ganze Sortiment an Spielzeug mitgenommen werden muß. Packen Sie aber zumindest ein oder zwei Lieblingsspielzeuge ein. Muß der Hund einmal allein gelassen werden, ist er beschäftigt. Vielleicht hält ihn auch der heimische Geruch davon ab, das Mobiliar zu zerlegen.

Für die Pausen bei einer langen Autofahrt, aber auch für Spaziergänge am Urlaubsort ist ein Ball immer ein gutes Mittel, um dem Vierbeiner zumindest kurzfristig Bewegung zu verschaffen.

Nehmen Sie auf jeden Fall einen Kauknochen mit, damit der Hund etwas Hartes zum Kauen hat, woran er seine Langeweile auslassen kann. Nicht jedes Geschäft führt diese Artikel.

Futter- und Wassernapf

Kunststoffnäpfe sind nicht schwer, und es gibt diese Näpfe in einer rutschfesten Ausführung. Zusätzlich empfiehlt es sich, eine Unterlage aus Plastik mitzunehmen.

Auch im Feriendomizil sollten die Näpfe einen festen Platz haben, am besten dort, wo der Hund bei der Nahrungs- oder Wasseraufnahme keinen Schaden verursachen kann. Das ist im Hotel in der Regel das Bad oder der Balkon, in einer Ferienwohnung die Küche.

Wasserflasche

Für Ausflüge, Wanderungen, Strandbesuche oder die lange Anreise im Auto sollte immer

eine gefüllte Wasserflasche im Gepäck sein. Leichte Flaschen aus Kunststoff, die sich für diesen Zweck besonders gut eignen, bekommt man in jedem Kaufhaus in der Haushaltswarenabteilung.

Pflegeartikel
Alle für die Pflege des Vierbeiners notwendigen Artikel sollten mitgenommen werden. Vor allem bei langhaarigen Hunden setzt sich viel Schmutz im Fell fest, besonders bei feuchter Witterung. Es sollte auf jeden Fall gewährleistet sein, daß der Hund trockengerieben und danach gebürstet werden kann.
Das braucht der Hund:
✔ Bürste (für langhaarige Hunderassen),
✔ Striegel oder Pflegehandschuh (für kurzhaarige Hunderassen),
✔ Hundehandtücher zum Trockenreiben und Abwischen der Pfoten,
✔ Hundeshampoo zum Reinigen des Hundes, wenn er sich in Kuhfladen, Aas oder ähnlichem gewälzt hat,
✔ Schere zum Entfernen von Substanzen aus dem Fell, die sich nicht oder nur schlecht ausbürsten lassen, wie Teer nach einem Strandbesuch oder Klettensamen.
Hinweis: Es versteht sich von selbst, für diese Zwecke nicht die hoteleigenen Handtücher zu verwenden!

Wichtige Zusatzartikel
✔ Ersatzleine.
✔ Reisemaulkorb aus Synthetik.
✔ Schutzschuh, der bei Verletzung der Pfote über den Verband gezogen wird.
✔ Körperhalterung für Bergwanderungen.
✔ Fahrradkorb für kleinere Hunderassen für Fahrradtouren.

Hundegepäck auf einen Blick

	Was der Hund braucht
Schlafen	Korb, Decke, Kissen
Fressen	Freßnapf, Wassernapf Futter
Pflege	Bürste, Striegel, Pflegehandschuh Hundehandtücher Hundeshampoo
Zeitvertreib	Spielzeug, Kauknochen
Reiseapotheke	Jodersatz, entzündungshemmende Salbe Vaseline, Hirschhorntalg Augentropfen Mittel gegen Durchfall Mittel gegen Erbrechen Fieberthermometer Zeckenzange Verbandszeug Antibiotikum
Ausflüge	Wasserflasche, Ersatzleine Fahrradkorb

ANKUNFT UND AUFENT-HALT AM URLAUBSORT

Die Vorbereitungen für den lang ersehnten Familienurlaub sind bereits Vergangenheit, und auch die anstrengende, mehrstündige Anreise ist endgültig überstanden. Nun kann endlich der wohlverdiente Urlaub für Zwei- und Vierbeiner beginnen.

Die Ankunft

Menschen haben die Eigenschaft, den mit der Eingewöhnung verbundenen Streß zu verdrängen. Der Vierbeiner kann dies nicht. Für den Hund bedeuten die ersten Tage am Urlaubsort je nach seinem Charakter große Unsicherheit und viel Streß. Für einen wesensfesten Hund mit einem gesunden Vertrauen zu seinem menschlichen Rudel ist die Umstellung kein großes Problem. Klima- und Umgebungswechsel müssen von Mensch und Vierbeiner gleichermaßen bewältigt werden.

Nach stundenlanger Anreise sollte bei Ankunft am Feriendomizil die Aufmerksamkeit nicht dem Ausladen des Gepäcks, sondern zuerst dem Vierbeiner gelten. Ein kurzer Gassigang ist angesagt, damit er sein kleines oder großes Geschäft verrichten und sich nach der Reise einige Minuten an der frischen Luft Bewegung verschaffen kann. Danach wird es Zeit, sich mit der Ferienunterkunft vertraut zu machen.

In einem Ferienhaus oder einer Ferienwohnung ist dies unproblematisch. Gehen Sie zusammen mit Ihrem Liebling die Räumlichkeiten ab, und lassen Sie ihn seine Umgebung ausgiebig erschnüffeln. Gehört ein eingezäunter Garten zur Unterkunft, so kann der Hund hier als erstes »Zeitung lesen«, vierbeinige Vormieter haben bestimmt Nachrichten hinterlassen.

In einem Hotel oder einer Pension gilt es erst einmal, eine unter Umständen sehr belebte Empfangshalle und die Anmeldung hinter sich zu bringen. Sind Sie in Ihrem Zimmer angekommen, lassen Sie auch hier den Hund schnüffeln.

Die Eingewöhnung im Quartier

Bevor Sie nun damit beginnen, das eigene Gepäck auszupacken, muß der Hund versorgt werden. Wasser- und Futternapf sollten an einer Stelle positioniert werden, wo der Fußbodenbelag am besten dafür geeignet ist. In einem Ferienhaus oder einer Ferienwohnung ist das zweifelsfrei die mit Fliesen oder Linoleum ausgelegte Küche. Bei Hotelzimmern bleibt Hundehaltern meist keine andere Wahl, als die Näpfe ins Bad oder auf den Balkon zu stellen. Selbst wenn Ihr Hund normalerweise nicht sabbert und sehr manierlich frißt, ist der Teppichboden des Hotelzimmers ein denkbar ungeeigneter Freßplatz - es sei denn, Sie haben ein

· viele Hunde ist ein kühlendes Bad in den nmermonaten ein wahrer Genuß.

Ein Picknick im Grünen ist nicht nur für Zweibeiner ein Vergnügen.

Platzset oder eine Matte als Unterlage für die Hundenäpfe mitgenommen.
Wichtig: Nach der langen Anreise hat der Vierbeiner vielleicht nicht sofort Hunger, Wasser sollte jedoch sofort bereitgestellt werden.
Füttern Sie Ihren Hund auch am Urlaubsort zu der für ihn gewohnten Zeit, denn das bedeutet für das Tier eine Umstellung weniger. Lassen Sie das Futter eine Weile stehen. Sollte er am Ankunftstag nicht wie gewohnt fressen, so ist das nicht unbedingt ein Grund zur Besorgnis, denn auch dem Vierbeiner kann die Aufregung auf den Magen schlagen. Es ist kein Grund zur Besorgnis, wenn ein erwachsener und gesunder Hund einen Tag nichts frißt, es sei denn, man stellt gleichzeitig krankhafte Veränderungen fest, wie Lethargie, Erbrechen oder Fieber.

Frißt der Hund am Anreisetag nicht, so sollte die nächste Mahlzeit bei Hunden, die gewöhnlich nur einmal pro Tag gefüttert werden, entsprechend erst am nächsten Tag zur gewohnten Zeit gereicht werden.
Hinweis: Um das Problem der Nahrungsverweigerung nicht zu verstärken, sollten das gewohnte Futter und die eigenen Näpfe von zu Hause mitgebracht werden. Bei Futterumstellung reagieren Vierbeiner unterschiedlich: mit Appetitlosigkeit oder mit Durchfall.
Bei der Wahl des Schlafplatzes gehen Sie ähnlich vor wie zu Hause. Ist der Hund gewöhnt,

daß sich sein Korb oder seine Decke im Schlafzimmer neben dem Bett befindet, so sollte dies auch im Urlaub so bleiben. Wählt er sich selbst einen Schlafplatz, gestehen Sie Ihrem Hund diesen Platz zu (→ Seite 55).

Die Eingewöhnung am Ort

Ist das Gepäck endlich ausgepackt und hat der Hund die Räumlichkeit erkundet, so sollte dem Tier Gelegenheit gegeben werden, den Urlaubsort zusammen mit seinem Rudel in Ruhe zu erforschen. Ich rate Ihnen, an den ersten Urlaubstagen weder ausgiebige Wanderungen noch andere anstrengende Dinge zu unternehmen, sondern sich langsam einzugewöhnen. Beispielsweise können Sie bei einem ausgiebigen Spaziergang durch den Ort erkunden, wo sich Post, Bäcker oder Restaurants befinden. Auf diese Art lernen Sie den Urlaubsort kennen, und das Tier hat Gelegenheit, sich mit der nächsten Umgebung der Ferienunterkunft vertraut zu machen. Dabei ist es sinnvoll, einige Wege immer wieder mit dem Hund zu gehen, damit es auch im Urlaub vertraute Wegstrecken für ihn gibt.

Falls noch nicht geschehen, besteht bei diesem Spaziergang auch noch die Möglichkeit, sich im Hotel oder beim Fremdenverkehrsamt nach einem Tierarzt am Ort oder in der Umgebung zu erkundigen. Jeder Hundehalter hofft natürlich, daß dem Hund und ihm ein solcher Besuch im Urlaub erspart bleibt, aber Adresse und Telefonnummer sollten griffbereit liegen und nicht erst bei einem dringenden Notfall erfragt werden müssen.

Auf fremdem Territorium ist es empfehlenswert, den Hund zumindest in den ersten Tagen nicht von der Leine zu lassen. Üblicherweise verunsichert der Umgebungswechsel viele Hunde, hinzu kommen die meist fremden Gerüche und Geräusche (→ Seite 55).

Checkliste
Am Urlaubsort beachten

1 Machen Sie den Vierbeiner langsam mit seiner Umgebung vertraut.

2 Lassen Sie den Hund zu seiner eigenen Sicherheit angeleint. Erst wenn er sich eingewöhnt hat und generell alle Kommandos befolgt, kann er ohne Leine laufen.

3 Alle Regeln, die zu Hause gelten, sollten grundsätzlich auch im Urlaub Bestand haben.

4 Am Ankunftstag im Urlaubsgebiet sollten Sie keine ausgiebigen Freizeitaktivitäten unternehmen. Gönnen Sie dem Vierbeiner eine Verschnaufpause nach der langen Anreise, und geben Sie sich selbst und dem Tier die Chance zur Eingewöhnung.

5 Erkunden Sie spätestens am Ankunftstag für den Notfall Adresse und Telefonnummer des nächsten Tierarztes.

Der erste Spaziergang
Bei einem ersten ausgiebigen Spaziergang am Ankunftstag haben Hund und Halter Gelegenheit, die Umgebung der Ferienunterkunft näher kennenzulernen. Lassen Sie den Hund die neue Umgebung ausgiebig erschnüffeln. Es ist gut, wenn auch im Urlaub bestimmte Wege für den Vierbeiner zu gewohnten Strecken werden. Innerhalb kürzester Zeit wird sich der Hund auf diesem Weg ebenso sicher fühlen wie beim Gassigang daheim.
Sollte der Hund doch einmal ausreißen, so besteht die Möglichkeit, daß er auf diesem gewohnten Weg auch selbst wieder zurückfindet. Haben Sie ein Ferienhaus mit eingezäuntem Garten gemietet, so kann der Hund dieses Territorium alleine erkunden. Lassen Sie das Tier ruhig den Garten inspizieren, wahrscheinlich haben andere Urlaubshunde vor ihm interessante Nachrichten hinterlassen.

Die ersten Stunden
Damit nach einer langen Anreise der Ankunftstag nicht unnötig stressig wird, sollte für diesen Tag nichts Besonderes geplant sein. Geben Sie sich und Ihrem Tier etwas Zeit zur Eingewöhnung. Andere Geräusche und Gerüche als daheim verunsichern das Tier.

Einhalten gewohnter Zeiten
Im Urlaub hat sich um den Hund alles verändert. Deshalb sollten in dieser Situation zumindest gewohnte Zeitabläufe beibehalten werden, um die Eingewöhnung zu erleichtern. Ist der Hund von Anfang an auf feste Fütterungszeiten eingestellt, entwickelt sich ein gleichbleibender Verdauungsrhythmus, der es dem Halter ermöglicht, die Zeiten für die Gassigänge genau festzulegen. Natürlich hat jeder Mensch einen anderen Arbeits- und Lebensrhythmus, und dieser sollte die Grundlage für den Zeitplan des Vierbeiners sein.

Ist der Hund für kurze Zeit unbeaufsichtigt, sollte er auf jeden Fall angeleint werden.

Den Hund anleinen

Unabhängig davon, wie selbstsicher oder ängstlich ein Hund ist, in den ersten Tagen am Urlaubsort sollte er immer angeleint bleiben. Auch mit der fremden Umgebung sollten Sie ihn nur angeleint vertraut machen.

Das hat mehrere Gründe:

✔ Die Leine bietet dem Tier durch die unmittelbare Nähe zum Halter das Gefühl von Sicherheit und Geborgenheit, vor allem an Straßen und im Autoverkehr.

✔ Sie beugen dadurch der Gefahr vor, daß der Vierbeiner entlaufen kann.

✔ Die Leine dient nicht zuletzt auch dem Schutz anderer Verkehrsteilnehmer.

Hinweis: Auch im Urlaub sollte der Hund seine deutsche Steuermarke tragen. Zusätzlich sollten Sie ihm eine Adressenhülse mit Anschrift der Ferienunterkunft, Name des Hundes und Hundehalters umhängen, damit der Hund baldmöglichst bei Ihnen abgegeben werden kann, wenn er einmal entlaufen ist.

Der Schlafplatz

Lassen Sie den Vierbeiner die Räumlichkeiten eigenständig erkunden. Beobachten Sie Ihr Tier dabei, so können Sie erkennen, welche Ecken oder Räume für den Hund besonders interessant sind.

✔ Sucht sich der Hund nicht selbständig einen Ruheplatz, so plazieren Sie seinen Korb oder seine Decke dort, wo er es von zu Hause gewöhnt ist. Kann Gewohntes beibehalten werden, vereinfacht sich natürlich die Eingewöhnung für den Vierbeiner.

✔ Wählt der Hund selbst eine Ecke als Ruhestelle aus, so sollten Sie ihm diese Wahl zugestehen - auch wenn es ein völlig anderer Schlafplatz ist als daheim. Mit seiner Wahl tut der Vierbeiner kund, wo er sich in der fremden Umgebung am wohlsten fühlt.

✔ Falls sich der Hund nicht entscheiden kann oder auch daheim seinen Liegeplatz mehrmals die Nacht ändert, sollte der Schlafplatz ebenfalls an der von zu Hause gewöhnten Stelle sein.

Probleme kann es geben, wenn der Hund zu Hause das Schlafzimmer nicht betreten darf. Dies sollten Sie schon bei der Buchung des Urlaubsdomizils bedenken. Wohnen Sie nämlich in einem Hotelzimmer, so hat das automatisch zur Folge, daß der Vierbeiner den Urlaub mit Ihnen in einem Raum verbringt, der gleichzeitig Schlaf- und Wohnraum ist. Es wird nach dem Urlaub vielleicht schwierig sein, dem Hund klarzumachen, warum die alte Unterscheidung zwischen Wohn- und Schlafraum wieder gelten sollte.

Lassen Sie zu, daß Ihr Hund seinen Schlafplatz selbst auswählt.

Laufen neben dem Fahrrad - so bekommt der Hund Bewegung und ist ausgelastet.

Der Hund allein im Quartier

Darf der Hund im Hotel nicht mit in den Speisesaal oder das Restaurant, so muß er zu den Mahlzeiten auf dem Zimmer allein gelassen werden. Jeder Hund sollte eigentlich gewöhnt sein, zumindest für kurze Zeit allein zu bleiben, ohne die Nachbarschaft mit seinem Gebell zu terrorisieren oder aus den eigenen vier Wänden ein Trümmerfeld zu machen.
Es bedarf normalerweise keiner Erwähnung, daß ein Hund, der das Alleinbleiben nicht gewöhnt ist, nicht allein gelassen werden sollte. Ebenso gilt dies für Hunde, von denen die Besitzer genau wissen, daß sie die Möbel zerlegen. Diese Zerstörungswut resultiert meist aus Frust und Langeweile. Oftmals hilft es schon, wenn der Hund dann einige seiner gewohnten Spielzeuge und einen Kauknochen hat, um sich damit zu beschäftigen. Haben Sie das Gefühl, der Hund ist verängstigt, so lassen Sie ein getragenes Wäschestück von Ihnen auf seiner Decke liegen. Durch den Geruch der Bezugsperson fühlt sich der Hund meist geborgen.
Hinweis: Ein Leckerchen zum Trost hinzulegen nützt bei den meisten Hunden nichts. Sie lassen es bis zur Rückkehr der Bezugsperson unangetastet liegen.
Natürlich ist es ein Unterschied, ob der Vierbeiner zu Hause oder in einer fremden Umgebung allein bleiben muß. Beherrscht Ihr Hund diese Übung in der vertrauten Umgebung, Sie sind sich aber nicht sicher, ob das auch in einer fremden Umgebung funktioniert, so bleiben Sie bei Verlassen des Zimmers einige Minuten vor der Türe stehen, um zu lauschen, wie sich der Vierbeiner verhält.
Ist der Hund das Alleinbleiben nicht gewöhnt, so wird es Ihnen in einem Hotel nicht erspart bleiben, im »Schichtwechsel« zum Essen zu gehen oder auf dem Zimmer zu essen.
Leider gibt es genügend Hundehalter, die in dieser Beziehung sehr verantwortungslos handeln und auf ihre gute Tierhaftpflichtversicherung vertrauen. Der Schaden, den solche Zweibeiner dem Image aller Hundehalter zufügen, ist irreparabel. So darf man sich nicht wundern, daß immer noch in vielen Hotels und Ferienwohnungen Hunde nicht erwünscht sind.
Wird der Hund vormittags allein im Zimmer zurückgelassen, so kann es eventuell Probleme geben, wenn das Hotelpersonal kommt, um das Zimmer zu reinigen. Die Wachsamkeit ist bei Hunden, die das Leben mit ihrem Rudel in ei-

Sind Hunde von klein auf an Pferde gewöhnt, können sie zum Ausritt mitgenommen werden.

nem Eigenheim gewöhnt sind, wesentlich größer, und das ständige Anschlagen bei jedem Geräusch würde selbst im hundefreundlichen Hotel sehr bald zu Komplikationen führen.
Um dies zu vermeiden,

✔ geben Sie bei Verlassen des Hotels an der Rezeption Bescheid, daß sich der Hund allein im Zimmer befindet,

✔ bitten Sie darum, das Reinigungspersonal davon in Kenntnis zu setzen,

✔ empfiehlt es sich, das Schild »Bitte nicht stören« außen an den Türgriff zu hängen.

Regeln beibehalten

Manche Hunde reagieren in einer fremden Umgebung nicht verunsichert, sondern versuchen im Gegenteil, ob sie neue Regeln durchsetzen können.

So darf Ihr Hund zu Hause weder auf die Couch noch ins Bett, und nun überrascht er Sie damit, daß er im Hotel als erstes einen Satz auf das Bett macht und Sie schwanzwedelnd und herausfordernd ansieht. In solchen Fällen dürfen Sie nicht nachgeben. Die daheim gültigen Regeln müssen auch im Urlaub Geltung haben. Andererseits erschwert es die Eingewöhnung, wenn der Hund im Urlaub Dinge, die daheim erlaubt waren, plötzlich nicht mehr tun darf. Dazu gehört zum Beispiel, den Garten des Ferienhauses umzugraben und die Blumenbeete neu zu sortieren oder sein großes Geschäft im Garten zu verrichten.

TIP

Wenn der Hund verschwindet

✔ Verlassen Sie vorerst die Stelle nicht, wo der Hund entlaufen ist. Warten Sie, ob er auf Ihr Rufen und Pfeifen zurückkehrt.
✔ Kommt der Hund nach einiger Zeit nicht zurück, setzen Sie Menschen in unmittelbarer Umgebung davon in Kenntnis.
✔ Gehen Sie dann die nähere Umgebung ab. Rufen und pfeifen Sie dabei, vielleicht sitzt der Hund desorientiert in der Nähe.
✔ Gehen Sie, falls Sie mit dem Auto unterwegs waren, unter Rufen und Pfeifen zum Fahrzeug zurück. Möglicherweise wartet der Vierbeiner bereits dort auf Sie.
✔ Haben Sie das Fahrzeug auf einem Parkplatz abgestellt, machen Sie Passanten und Autofahrer auf den Verlust aufmerksam.
✔ Waren Sie ohne Fahrzeug unterwegs, laufen Sie die gleiche Strecke zurück zum Quartier, auf der Sie hergekommen sind.
✔ Benachrichtigen Sie die örtliche Polizei und das Personal an der Rezeption im Hotel, daß der Hund entlaufen ist.
✔ Benachrichtigen Sie das nächste Tierheim oder eine Tierschutzorganisation.
✔ Benachrichtigen Sie den nächsten Tierarzt von dem Verlust, möglicherweise wird der Hund dort verletzt abgegeben.
✔ Bleibt der Hund trotz vorab genannter Maßnahmen verschwunden, schreiben Sie Zettel oder Plakate, die Sie in Geschäften im Ferienort aushängen.
✔ Halten Sie auf jeden Fall Kontakt zu den Stellen, wo Sie den Verlust des Hundes gemeldet haben. Bringen Sie sich und Ihr Anliegen immer wieder in Erinnerung.

Hinweis: Erleichtern Sie sich das Zusammenleben mit dem Hund und die Eingewöhnung an fremden Orten, indem Sie bei der Erziehung von Beginn an nur solche Regeln aufstellen, die sinnvoll und auch in Zukunft durchsetzbar sind.

Der Klimawechsel

Am sinnvollsten ist es natürlich, den Urlaub schon vorab in einem Gebiet zu planen, dessen klimatische Bedingungen den Anlagen des Vierbeiners entgegenkommen.
Machen Sie Urlaub im Schnee, so sollte der Vierbeiner die Gelegenheit bekommen, sich zwischendurch aufzuwärmen. Außerdem sollten Sie der Pflege von Fell und Pfoten besondere Aufmerksamkeit schenken.
Verbringen Sie den ganzen Tag mit Skifahren, so kann der Vierbeiner üblicherweise nicht mit auf die Piste. Dies sollten Sie im vorhinein bedenken. Denn muß der Hund den ganzen Tag - bis auf kurze Gassigänge - im Auto bleiben, während Sie Ihrem Lieblingshobby nachgehen, wird der Urlaub für den Hund kein positives Erlebnis. Für solche Fälle gibt es hundefreundliche Hotels direkt an Skipisten und Liftanlagen. Dort kann der Hund zumindest einen Teil der Zeit im Zimmer verbringen, anstatt im Inneren des kalten Wagens oder zwischen Hunderten von Füßen an der Skibar.
Beim Langlaufen sind Hunde von anderen Skifahrern nicht gerne gesehen, wenn sie auf der gespurten Loipe laufen. Die Mitnahme ist jedoch kein Problem, wenn der Hund von klein auf gewöhnt ist, nebenher zu laufen. Durch die Bewegung stört ihn die Kälte auch weniger.
Beim Badeurlaub in südlichen Gefilden gibt es ebenfalls Punkte zu bedenken. Gern gesehen sind Vierbeiner an den wenigsten großen Badestränden Europas, schon gar nicht während der Hauptreisezeit. So bleibt Hundehaltern in der Hauptsache der Aufenthalt an sogenannten

Hundestränden oder in abgelegenen kleinen Badebuchten ohne Massentourismus.
Ist der Hund noch nie am Meer gewesen, so wird er unbedarft salziges Meerwasser trinken. Auf den Genuß folgt normalerweise fast sofort Erbrechen. Verhindern Sie, daß der Vierbeiner das Salzwasser trinkt, Trinkwasser sollte immer in einer Plastikflasche mit an den Strand genommen werden.
Auf zu starke und zu lange Sonneneinstrahlung können Hunde genau wie Zweibeiner mit einem Hitzschlag reagieren. Deshalb müssen Vorkehrungen getroffen werden, die dem Hund den Aufenthalt am Strand oder auf einem Boot erleichtern. Ein Sonnenschirm sorgt für den notwendigen Schatten. Geht der Vierbeiner nicht gerne zur Abkühlung ins Wasser, so sollten Sie ihn zwischendurch mit einem feuchten Handtuch abkühlen.

An Europas Küsten gibt es genug ruhige Buchten, wo auch der Hund baden kann.

Der Hund ist weg

Der Alptraum eines jeden Hundehalters ist wohl der Gedanke, den Hund an einem fremden Ort zu verlieren. Treffen Sie deshalb vorbeugende Maßnahmen, um das Entlaufen des Vierbeiners auszuschließen. Grundsätzlich ist zu empfehlen, den Hund in der fremden Umgebung, vor allem dort, wo Autoverkehr herrscht, nicht von der Leine zu lassen. Sind Sie Besitzer eines Rüden, und ist dieser wegen einer läufigen Hündin entlaufen, so kann es durchaus passieren, daß er mehrere Tage fortbleibt.
Ist Ihr Hund trotz aller Vorsicht entlaufen, so sollten Sie einige Punkte beachten, um das Tier wiederzufinden (→ Seite 58).

REGISTER

Die halbfett gesetzten Seitenzahlen verweisen auf Farbfotos und Zeichnungen.

Sind alle Urlaubsvorbereitungen getroffen, kann es endlich losgehen.

ADRESSEN

Adressen, die weiterhelfen

• Fédération Cynologique Internationale (FCI), 13 Place Albert I, B-6530 Thuin/Belgien.

• Verband für das Deutsche Hundewesen e.V. (VDH), Postfach 104154, D-44041 Dortmund.

• Österreichischer Kynologenverband e.V. (ÖKV), Johann-Teufel-Gasse 8, A-1238 Wien.

• Schweizerische Kynologische Gesellschaft (SKG/SCS), Postfach 8217, CH-3001 Bern.

Anschriften von Hundeclubs und -vereinen können Sie auch bei den vorgenannten Verbänden erfragen.

• Deutscher Tierschutzbund, Baumschulallee 15, D-53115 Bonn.

Behilflich bei der Urlaubsplanung

• Pro Hund, Dienstleistungsagentur für Hundehalter, Siekbreede 40, D-33649 Bielefeld, Tel. und Fax 0521/451633.

• Ratgeber-Service der Redaktion »Ein Herz für Tiere«: Urlaub mit Tieren. Nordendstr. 64, D-80801 München. Internet: www.herz-fuer-tiere.de

• Cat-Dog-Haussitter-Club, Mauerkircherstr. 8, D-81679 München, Tel. 089/299900.

Fragen zur Hundehaltung beantworten

Ihr Zoofachhändler und der Zentralverband Zoologischer Fachbetriebe Deutschlands e.V., D-63225 Langen, Tel. 06103/910732 (nur telefonische Auskunft möglich).

Haftpflichtversicherung

Fast alle Versicherungen bieten auch Haftpflichtversicherungen für Hunde an.

Krankenversicherung

• Uelzener Allgemeine Versicherungsgesellschaft AG, Postfach 2163, D-29511 Uelzen.

• AGILA Haustier-Krankenversicherung AG, Breite Straße 6-8, D-30159 Hannover

Registrierung bei Hunden

• Haustier-Zentralregister für die BRD e.V. TASSO, Postfach 1423, D-65783 Hattersheim, Tel. 06190/4088

• IFTA, Internationale Zentrale Tierregistrierung, Weiherstr. 8, D-88145 Hergatz, Tel. 0180/5213402

Wer seinen Hund vor Tierfängern und dem Tod im Versuchslabor schützen will, kann ihn hier registrieren lassen.

Bücher, die weiterhelfen

(falls nicht im Buchhandel, dann in Bibliotheken erhältlich)

• Brünger C.: Der Berg ruft. Hochalpiner Bergwanderführer für Hund und Halter. Pro Hund Verlag, Bielefeld.

• Brünger, C.: Ausgearbeitete Wanderrouten für: Ötztal - Stubaier Alpen - Kitzbühler Alpen - Kaisergebirge. Pro Hund Verlag, Bielefeld.

• Stein, P.: Naturheil-Praxis Hunde. Gräfe und Unzer Verlag, München.

Wichtige Hinweise

In diesem Ratgeber geht es um den gemeinsamen Urlaub mit Hund. Autorin und Verlag halten es für wichtig, darauf hinzuweisen, daß sich die Haltungsregeln des Buches in erster Linie auf normal entwickelte Jungtiere beziehen, also auf gesunde, charakterlich einwandfreie Tiere.
Wer einen erwachsenen Hund zu sich nimmt, muß sich bewußt sein, daß dieser bereits wesentliche Prägungen durch den Menschen erfahren hat. Er sollte den Hund besonders genau beobachten, auch in seinem Verhalten Menschen und vor allem Kindern gegenüber. Und er sollte sich auch den vorherigen Besitzer genau ansehen. Ist der Hund aus dem Tierheim, so kann eventuell dieses über die Herkunft des Hundes und seine Eigenheiten Auskunft geben.
Es gibt Hunde, die aufgrund schlechter Erfahrungen mit Menschen in ihrem Verhalten auffällig sind, vielleicht auch zum Beißen neigen. Diese Hunde sollten nur von erfahrenen Hundehaltern aufgenommen werden. Auch bei gut erzogenen und sorgfältig beaufsichtigten Hunden besteht die Möglichkeit, daß sie Schäden an fremdem Eigentum anrichten oder gar Unfälle verursachen. Ein ausreichender Versicherungsschutz liegt im Eigeninteresse; der Abschluß einer Hunde-Haftpflichtversicherung ist in jedem Fall dringend zu empfehlen.
Lassen Sie bei Ihrem Hund auch alle notwendigen Schutzimpfungen und Entwurmungen durchführen, da sonst eine erhebliche gesundheitliche Gefährdung von Mensch und Tier möglich ist. Bei Krankheitsanzeichen sollten Sie unbedingt einen Tierarzt zu Rate ziehen.

• Streitferdt, U.: Mein kranker Hund. Gräfe und Unzer Verlag, München.

• Tress, G.: Reisen mit dem Hund. Conrad Stein Verlag, Struckum.

Zeitschriften und Broschüren, die weiterhelfen

• Der Hund im Urlaub, Deutscher Bauernverlag, Berlin.

• So geht's uns auch im Urlaub gut Broschüre des Deutschen Tierschutzbundes e.V., Bonn.

• Das Tier. Egmont Ehapa Verlag, Leinfelden-Echterdingen.

Die Autorin

Corinna Brünger gründete 1994 die »Pro Hund Dienstleistungsagentur für Hundehalter«. Dabei handelt es sich um Hundesitting, Welpen- und Hundeschule, Beratungen zum Thema »Urlaub mit Hund« und das Einholen von Informationen jeder Art auf Anfrage von Hundehaltern. 1994 entwickelte Frau Brünger eine Liste mit hundefreundlichen Urlaubsadressen, aus der 1995 ein Sonderheft der Zeitschrift »Der Hund« mit dem Titel »Der Hund im Urlaub« im Deutschen Bauernverlag GmbH entstand. 1995 begann Frau Brünger mit der Arbeit als Hundetrainerin. Seit 1998 betreibt sie in Bielefeld den »Pro Hund Shop« mit allem, was das Hundeherz begehrt.

Die Fotografin

Die Fotos in diesem Buch stammen von Christine Steimer, mit Ausnahme von:
Cogis/Francais: Seite 14 re.o.;
Juniors/Cullmann: Seite 2/3;
Schanz: Seite U1 (kleines Foto), 17, 30, 31, 59.
Christine Steimer arbeitet seit 1985 als freie Fotografin. Sie hat sich 1989 auf Tierfotografie spezialisiert.

Der Zeichner

György Jankovics ist ausgebildeter Grafiker und studierte an den Kunstakademien von Budapest und Hamburg. Er zeichnet für eine Reihe angesehener Verlage Tier- und Pflanzenmotive. Für die GU Redaktion Natur hat er bereits viele Titel illustriert.

Dank

Fotografin und Verlag danken der Hundeschule PERDITA LÜBBE, Roßdorf-Gundernhausen, für die freundliche Unterstützung.

An unsere Leserinnen und Leser

Wir freuen uns, Ihre Meinung zu diesem TierRatgeber zu erfahren. Bitte schreiben Sie uns, wenn Sie Berichtigungen und Ergänzungsvorschläge haben oder wenn Ihnen etwas besonders gut gefällt.

Gräfe und Unzer Verlag
Redaktion Natur
Stichwort: TierRatgeber
Postfach 86 03 66
D-81630 München

Fotos: Buchumschlag und Innenteil

Umschlagvorderseite: Mischling am Strand (großes Foto), Golden Retriever (kleines Foto).
Umschlagrückseite: Mischling unter Sonnenschirm. Seite 1: Ein Urlaub mit Hund, im Bild ein Rauhhaardackel, bedarf gründlicher Vorbereitungen. Seite 2/3: An Nord- und Ostsee gibt es viele hundefreundliche Strände. Seite 4/5: Viele Hunde fühlen sich im Urlaub am Wasser wohl. Seite 64: Unterwegs bei einem Ausflug, links ein Berner Sennenhund, rechts ein Mischling.

Impressum

Redaktion: Anita Zellner
Lektorat: Angelika Lang
Umschlaggestaltung und Layout: Heinz Kraxenberger
Zeichnungen: György Jankovics
Herstellung: Gabie Ismaier
Satz: media.a, Ludger Vorfeld
Reproduktion: Penta Repro
Druck und Bindung: Stürtz

ISBN 3-7742-3706-9

Auflage 4. 3. 2. 1.
Jahr 02 01 00 1999

EXPERTEN-RAT

1	**Ist jeder Hund für einen Urlaub geeignet?**	*Ja. Eine Rolle spielen Alter, Gesundheitszustand, Wesen und Erziehung des Vierbeiners*
2	**Ist ein gemeinsamer Urlaub generell mit jeder Hunderasse möglich?**	*Generell ja. Die Rassezugehörigkeit spielt keine Rolle.*
3	**Ab welchem Alter kann man einen Hund das erste Mal mit in den Urlaub nehmen?**	*Mit mindestens 6 Monaten. Die Erziehung s te bereits begonnen haben.*
4	**Ist eine längere Vorbereitungszeit nötig?**	*Urlaubsziel, Art der Unterkunft und gemeinsame Freizeitgestaltung sollten schon einige Monate vorher geplant werden.*
5	**Was muß bei der Auswahl des Urlaubsgebietes berücksichtigt werden?**	*Neben Ihren Hobbys müssen die Anlagen unc genschaften des Hundes berücksichtigt werd*